D1986767

Ela Madreiter

Kunst & Natur

Kinder auf den Spuren großer Meister

ALS VERLAG

Inhalt

„Kunst ist die Brücke zwischen Mensch und Natur"
Friedensreich Hundertwasser

Seit Jahren sind naturverwandte Themen Schwerpunkt meiner Arbeit mit Kindern. Ihre Neugier, Offenheit, Humor und Experimentierfreude machen sie – ganz natürlich! – zu unermüdlichen Naturforschern und Künstlern.
Selbst Picasso hat diese wunderbaren Eigenschaften des kindlichen Alters erkannt und als Vorbild seines Schaffens gesehen: „Jedes Kind ist ein Künstler. Die Schwierigkeit liegt darin, als Erwachsener einer zu bleiben." Eine weitere Schwierigkeit liegt darin, den Kindern den Kontakt mit der Natur und dem künstlerischen Ausdruck zu ermöglichen. Es ist zunehmend nicht selbstverständlich, dass Kinder ihre Freizeit in der Natur verbringen (können). Sie empfinden dadurch die Natur als etwas Fremdes, sogar Bedrohliches. Kunst wird vielfach als wenig bedeutend für das „Projekt Zukunft" angesehen. Dabei sind gerade diese beiden Quellen, Natur und Kunst, für die Menschen Ur-Umgebung und Ur-Bedürfnis. Aus ihnen zu schöpfen bedeutet, sich ganz ohne Mühe die Welt anzueignen und durch Spiel, Experiment, durch Frei-Raum und Frei-Zeit eigene Gefühle, Eindrücke und Meinungen sichtbar zu machen.

Mein Ziel ist es, aus dieser noch unverfälschten Lebensphase voller Schätze zu schöpfen und Kinder mit anspruchsvollen und gleichzeitig verspielten Projekten herauszufordern. Für kunstinteressierte, gerne gestaltende Kinder gründete ich vor einigen Jahren das Kinderatelier ES KLAPPT. Aber ich hoffte immer, auch Kinder erreichen zu können, die nicht in einer kunstaffinen Umgebung aufwachsen.

Fächerübergreifende Informationen, Gedanken- und Diskussionsanstöße über aktuelle Themen, etwas Kunstgeschichte und kindgerechte, abwechslungsreiche Gestaltungstechniken mit passender Musikbegleitung sind Inhalt dieser Projektauswahl.
Durch Gestalten wieder eine Verbindung zur Natur zu finden, ist eine Brücken-Möglichkeit. Vielleicht können aber gestalterisch umgesetzte Naturthemen auch eine Brücke zur Kunst sein?

Vorbild: Natur

Am Anfang war die Natur! Fast alle hier vorgestellten Kunstwerke waren das Ergebnis der persönlichen Erfahrung mit der Natur beziehungsweise der Beobachtung der Natur durch den jeweiligen Künstler. Es wurden unterschiedliche Beispiele der Naturdarstellung präsentiert: Manche Künstler bevorzugten es, naturgetreu zu arbeiten, andere brachten lediglich das für sie Wesentliche auf das Bild. Während die einen zahlreiche Skizzen vorbereiteten, um im Atelier das Bild fertigzustellen, arbeiteten die anderen direkt vor Ort. Auch Erinnerungen, Träume und Fantasien waren eine oft eingesetzte Quelle. Eine Sonderstellung, die gleichzeitig repräsentativ für unser Zeitalter ist, gebührt Andy Warhol, der ein Naturmotiv lediglich auf einem (fremden) Foto sah und es als ausreichende Information für eigene Zwecke übernahm.
Am besten wäre es – wenn auch mit etwas mehr Aufwand verbunden – direkte Naturerlebnisse in die Realisierung der Projekte mit einzubeziehen.

Vorbild: Kunst

Mit der heutigen Informations- und Bilderflut sind nicht nur Erwachsene konfrontiert. Kinder werden zunehmend aufs „Ausfiltern" trainiert. Von den Besten das Beste abzuschauen und somit das Auge und die Hand zu schulen, ist sicherlich eine der Möglichkeiten. Dies sollte allerdings meiner Meinung nach mehr als Inspiration und nicht als Kopiervorlage geschehen. Der „Buchenwald" von Klimt beispielsweise ist ein festgehaltener Blick NUR von Klimt. Viel wichtiger als ein Kunstwerk nachzuahmen ist es, ein System dahinter zu verstehen, die eigene Wahrnehmung zu erweitern und den eigenen, unverwechselbaren

Ausdruck um kennengelernte Regeln zu bereichern. Immerhin gehört der Erfolg von jeher denen, die etwas Neues wagen und authentisch bleiben. „Der Zeit ihre Kunst" gilt auch beim Lernen von den Großen – auch sie lernten von ihren Vorbildern, aber gaben auf ihre Art den Geist ihrer Zeit wieder.

Altersstufe

Die hier vorgestellten Projekte sind insbesondere für Vor- und Grundschulkinder geeignet, da beim Thema Natur eine ganzheitliche Umsetzung von großem Vorteil ist. Alle Projekte wurden mehrfach mit bereits fünfjährigen Kindern in kleinen Gruppen (etwa sieben Kinder) ausprobiert. Viele der Ideen lassen sich auch mit jüngeren Kindern realisieren, allerdings müsste der einführende, theoretische Teil entsprechend gekürzt und vereinfacht werden.

Themen

Landschaft, Tiere und Pflanzen bilden das Grundgerüst der hier präsentierten Projektauswahl.
Als Vorbild dienen mehr und weniger bekannte Kunstwerke der Vergangenheit und Gegenwart, welche die Natur aus unterschiedlichen Perspektiven aufgreifen. Ziel ist es, durch die künstlerische Darstellung sowohl die Wahrnehmung eines Kunstwerkes als auch der Natur zu sensibilisieren. Eine Ausnahme in der Ideensammlung ist das Kandinsky-Projekt, das mit der Natur nicht in der Darstellung, sondern im Ideellen einiges gemeinsam hat: Kandinskys Weg zum Abstrakten führte von und über Landschaftsbilder. Er wollte mit seiner Kunst, wie auch wir mit unserem Plastiktaschen-Projekt zum Umdenken, Weiterentwickeln und zur Nachhaltigkeit anregen. Das letzte Kapitel „Kunst aus dem Naturladen" stellt einige Ideen zur Gestaltung mit Naturmaterial vor.

Einführung zu den Projekten

Diese Phase soll nicht lediglich aus der reinen Präsentation der Abbildungen bestehen. Schließlich entstanden auch bei den großen Künstlern die Kunstwerke aufgrund unterschiedlicher, nicht nur visueller Erfahrungen. Gespräche, kleine Experimente, Spaziergänge – auch wenn vielleicht nur zum Fenster – Spielen, Tasten, Riechen, Hören runden das Sehen, das hier geübt sein sollte, ab. In meinem Atelier greife ich auf großformatige Bildpräsentation mithilfe eines Video-Beamers zurück. Die junge Generation lässt sich rasch mit einem einfachen, kurzen Film oder einer Präsentation (Standard-Software am PC) vom vielleicht anfänglich etwas fremd anmutenden Thema fesseln. In einem „Künstler-Kino", also einem kleinen, beispielsweise mit Stoff abgetrennten Raumbereich, konzentrieren sich Kinder viel besser auf das oft anspruchsvolle und detailreiche Bildmaterial und sind mutiger beim Austausch der eigenen Eindrücke und Erfahrungen.

Techniken

Eine spielerisch vermittelte und abwechslungsreiche Auswahl an Techniken (Zeichnung, Malerei, Druck und Mischtechnik) lässt die jungen Energiebündel länger an ihrem Arbeitsplatz bleiben und gestalten. Nicht alle Arbeiten lassen sich schließlich rasch fertigstellen. Kurze Bewegungspausen und die Möglichkeit, etwas zu trinken, sind ein fester Bestandteil jedes Projektablaufs! Der angedeutete Zeitbedarf ist lediglich eine Orientierungshilfe. Generell dauern die meisten Projekte in kleineren Gruppen nicht mehr als zwei Unterrichtsstunden (inklusive kurzer Einführung). Kindgerechte Techniken sind dabei lediglich als Einführung in professionelle Techniken zu sehen. Ein wichtiger Aspekt beim Gestalten ist der Umgang mit Fehlern. Eigentlich kann man sie immer als eine andere Antwort sehen. Oft musste ich feststellen, dass manche Arbeiten zwar nicht direkt meiner Zielvorstellung entsprachen, doch waren sie im Endeffekt grandios. Und „die Arbeit noch zu retten" ist übrigens eine wunderbare Übung, mit auftretenden Problemen rasch und unkonventionell umzugehen!

Material

Natur- und umweltschonendes Abfallmaterial mit Materialien aus dem Künstlerbedarf zu kombinieren, ist immer zu empfehlen. Es lohnt sich, Acryl-, Tempera- und Aquarellfarben sowie Aquarellkreiden anstelle von Farbkasten mit vielen Deckfarben anzuschaffen. Die Möglichkeiten und Ergebnisse sind wesentlich andere. Dabei reicht es, drei Grundfarben plus Weiß, Schwarz und eventuell Gold in großen Flaschen oder Tuben zu besorgen. Das Mischen von Farben macht den Kindern jeden Alters immer große Freude, da es zu individuellen und überraschenden Farbkombinationen führt. Durch systematische Anwendung von Grundfarben lernt man den Farbkreis wie von selbst.

Statt Wachskreiden zu verwenden, empfehle ich den Einsatz von Ölpastellkreiden oder Aquarellkreiden. Diese haben neben der Leuchtkraft der Farben auch den Vorteil, dass sie geschmeidiger, weicher und somit leichter für Kinder anzuwenden sind. Ihre Hände ermüden nicht so schnell, was insbesondere bei Mischtechniken mit vielen Arbeitsschritten von großer Bedeutung ist.

Zum Schluss der Aquarellprojekte stelle ich oft den Kindern unverdünnte Tuschen und Tinten zur Verfügung, die aufgrund der hohen Pigmentdichte sehr intensiv sind und somit die für die Komposition wichtigen Bildbereiche betonen.

Auch beim Papier kann man kosten-, umwelt- und ergebnisbewusst eine passende Wahl treffen. Für das Arbeiten mit deckenden Temperafarben reicht es, als Bildträger Pappflächen zu verwenden. Schuhkartondeckel – auf der Vorderseite und den schmalen Seiten bemalt – imitieren wunderbar die Leinwand. Es ist nur darauf zu achten, das richtige Farbmaterial zu wählen: Bei gestrichenen, glänzenden Oberflächen sollte auf Acrylfarben zurückgegriffen werden. Zur Sicherheit kann man die Oberfläche vor dem Projektstart mit Schleifpapier leicht anrauen, um die Haftung zu verbessern. Bei Aquarellarbeiten verwende ich stark saugende Aquarellpapiere, für deren Anschaffung technische, optische und haptische Gründe sprechen.

Musikbegleitung

Musik ist für mich bei der künstlerischen Arbeit mit den Kindern unabdingbar. Die hier vorgeschlagenen und zum Thema passenden Musikstücke sind bei den Kindern besonders gut angekommen. Mit Musik kann man Energie „aufladen" oder ein Übermaß an Energie besänftigen, die Bewegung der malenden Hand zum freien Tanz bringen und den Kopf von der Wirklichkeit befreien, um eine neue Wirklichkeit zu schaffen. Auch das Empfinden eines Gemäldes mit der entsprechenden musikalischen Untermalung ist viel tiefer, die Bilder prägen sich leichter ein und die Arbeit verläuft viel konzentrierter. Und singende oder summende Kinder beim Gestalten zu beobachten ist eines der schönsten Bilder überhaupt! Es ist empfehlenswert, auf unterschiedliche Genres zurückzugreifen, da Kinder sich gerne überraschen lassen.

Ich wünsche allen Lehrern und Erziehern viel Freude beim Gestalten und Einführen der Kinder in die geheimnisvolle Welt der Kunst über die Naturpfade!

Ela Madreiter

Danksagung

Dankeschön an meine jungen Künstler, die mich mit ihren Talenten, ihrer Offenheit und Lust auf mehr begleiten und ihre Familien, die an den künstlerischen Ausdruck ihrer Kinder glauben, an meine Kinder, die mich zu meinem Weg inspirierten, an meinen Mann für seine Hilfe, Ausdauer und seinen Humor sowie an meine Großeltern, die mir das Zeichnen und Singen vermittelten und die Liebe zum ländlichen, einfachen Leben weitergegeben haben.

Dame mit meinem Kuscheltier

Leonardo da Vinci: „Dame mit dem Hermelin“, 1489/90

Leonardo da Vinci, Universalkünstler und Genie der Renaissance, hinterließ nur wenige Öl-Porträtarbeiten. Seine unverwechselbare Maltechnik „Sfumato“ (ital. verschwommen) basierte auf seinen Beobachtungen und Erkenntnissen in Optik und Perspektive.
Die „Dame mit dem Hermelin“ gehört zu den geheimnisvollsten Bildern der Kunstgeschichte. Röntgenuntersuchungen des Gemäldes weisen auf unterschiedliche Darstellungsphasen der porträtierten Dame, des Tieres und des Hintergrundes hin, was vermutlich mit dem Verlauf der hier verborgenen Liebesgeschichte in Verbindung steht. Das Tier dient wahrscheinlich in diesem Bild als Symbol des geliebten Mannes (sein Spitzname war „weißer Hermelin“), den man hier nicht porträtieren durfte, da er als Prinz höhergestellt war und eine politisch wichtige Ehe mit einer anderen Frau eingehen sollte. Auch andere Deutungen sind möglich und interessant nachzuforschen! Der schwarze Hintergrund war übrigens ursprünglich blau-grau und es ist nicht sicher, dass er von Leonardo da Vinci stammt.

Projekt
„Dame mit meinem Kuscheltier“, Übermalung und Ergänzung

Zeitbedarf
2 Unterrichtsstunden

Material
schwarz-weiße Fotokopie des Gemäldes von da Vinci mit ausgespartem Hintergrund, malfertige rote, gelbe, blaue und weiße Temperafarbe, Softpastellkreiden, schwarzer Filzstift oder Fineliner, Flach- und Rundpinsel in diversen Größen, Fixativ oder Haarspray, Reproduktion des Werkes „Dame mit dem Hermelin“, eigenes Lieblingskuscheltier zur Anschauung

Kompetenzen
- das bestehende Bild durch Ergänzung und Übermalung „weiterdenken“ und entwickeln
- Arbeiten mit Modell
- die Sfumato-Technik kennenlernen und mit Softpastellkreiden nachahmen

Arbeitsablauf
1. Vorbereitung: Das Werk „Dame mit dem Hermelin“ mit den Augen eines „Kunst-Detektivs“ betrachten. Wie und warum veränderten sich im Laufe der Zeit die dargestellte Person, das Tier und der Hintergrund? Eigenes Kuscheltier vorstellen und dessen Auswahl als Modell begründen, eventuell Tiersymbolik untersuchen.

2. Das Hermelin mit weißer Temperafarbe möglichst deckend übermalen, quasi „ausradieren“ und trocknen lassen.

Wissenswertes
Arnulf Rainer, ein zeitgenössischer österreichischer Künstler, übermalt eigene und fremde Werke oder Fotos. Die schon bestehenden Motive erhalten eine neue Schicht und die Themen dadurch eine Fortsetzung.
Das dem Künstler gewidmete Arnulf-Rainer-Museum befindet sich in Baden bei Wien, im ehemaligen Frauenbad – dem neu adaptierten architektonischen Juwel aus dem Klassizismus.

3. Inzwischen das eigene Kuscheltier genau betrachten und betasten, Ideen für das neue „alte" Bild festlegen. Den Hintergrund mit Temperafarben und Flachpinsel übermalen. Verschiedene Farbkombinationen und das Beimischen von Weiß zum Aufhellen ausprobieren. Mit dem Rundpinsel das eigene Kuscheltier auf dem weiß übermalten Hermelinbereich darstellen (auf die Hände der Dame achten!). Verschiedene Details mit zunehmend feineren Pinseln hinzufügen.

4. Eine Schicht aus Softpastellkreiden auf den getrockneten Hintergrund auftragen, dabei die Kreide in der Mitte halten und mit der ganzen Stiftlänge leicht andrückend das Papier bemalen. Mit dem Finger die Kreideschicht verwischen, was aber nicht beliebig erfolgen sollte. Das Ziel ist eine sanfte, weiche und doch erkennbare Hintergrundstruktur, durch welche die Temperaschicht schimmert.

5. Mit Filzstift oder Fineliner eventuell weitere Details in der Tierdarstellung ergänzen. Anschließend das Bild mit Fixativ oder Haarspray aus ca. 25 cm Entfernung bei offenem Fenster leicht besprühen.

Variationen

Den Kontrast zwischen Hintergrund und Tierporträt (kalte/warme oder helle/dunkle Farben) erzeugen. Den Hintergrund mit einem oder mehreren Farbtönen, mit Übergängen oder Mustern gestalten.

Musikbegleitung

Motetten oder Madrigale von Orlando di Lasso

- Das Format der Fotokopie sollte nicht kleiner als DIN A3 sein, um genügend Platz für freie Handbewegungen bei der Hintergrundgestaltung zu haben.
- Das Arbeiten mit Softpastellkreiden und besonders das Verwischen derselben ist mit schmutzigen Händen und Farbstaub verbunden. Deshalb feuchte Tücher oder Lappen zum Säubern der Hände bereitlegen.
- Softpastellkreiden wirken nach dem Fixieren dunkler. Da nicht alle Pastellkreiden lichtecht sind, sollten die Bilder nicht der direkten Sonneneinstrahlung ausgesetzt werden.

Tipps

Winterzeit-Druck: Weihnachtspost

Pieter Bruegel d. Ä.:
„Jäger im Schnee", 1565

Pieter Bruegel, auch Bauernbruegel genannt, begann seine künstlerische Laufbahn in einer Kupferdruckwerkstatt in Antwerpen. Aufgabe des Kupferstechers war es, nach einer Zeichnungsvorlage das Motiv mit einem Stichel auf eine Kupferplatte zu übertragen. Die dadurch entstehenden Vertiefungen wurden eingefärbt und abgedruckt. Als Kupferstecher übte sich Bruegel im Zeichnen und entwickelte eine Liebe zum Detail. Nach den Ausbildungsjahren ging er auf Reisen nach Italien, wo er sich vor allem mit der Darstellung der Landschaft beschäftigte und sie zu seinem Schwerpunkt machte. Er kehrte nach einigen Jahren zurück und heiratete die Tochter seines ehemaligen Malereilehrers. Auch die beiden Söhne Pieter Bruegels des Älteren verschrieben sich der Malerei – sie übernahmen Bildmotive des Vaters, kopierten sie oder entwickelten sie weiter.
„Jäger im Schnee" gilt als das älteste Winterlandschaftsbild in der europäischen Malerei. Es wurde in Öl auf Holztafel gemalt. Das Thema des Bildes ist der detailreich dargestellte winterliche Alltag der Bauern in den damaligen Niederlanden. Auch dieses Bild wurde von einem seiner Söhne kopiert (das Original mit der Version von Pieter Bruegel dem Jüngeren unbedingt vergleichen).

Material

Moosgummiplatte (DIN A5), Wellpappebogen und Skizzenpapier in gleicher Größe, weißes Druckpapier (glatt oder leicht strukturiert und etwas größer als der Druckstock), schwarze Linoldruckfarbe, Farbwalze, Druckplatte (Metall, Kunststoff, Glas oder Fliese), Kugelschreiber, Bleistift, Schere, Klebstoff, Reproduktion des Werkes „Jäger im Schnee", Abbildungen von Laubbäumen in verschiedenen Jahreszeiten

Projekt

„Winterzeit-Druck: Weihnachtspost", Moosgummidruck

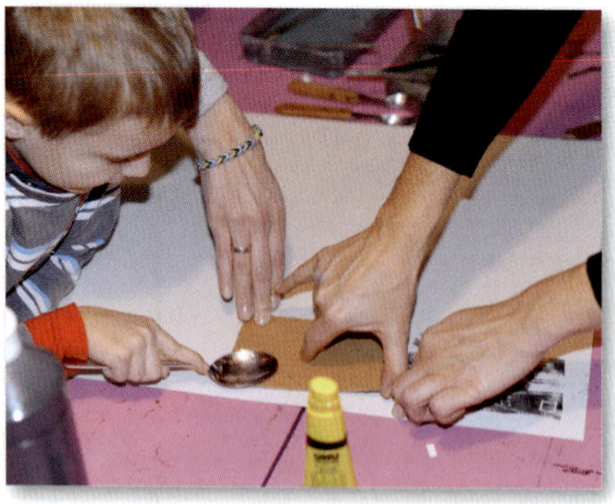

Projektaufgabe ist es, einen Druckstock zu gestalten, der eine Winterlandschaft sowie einen laublosen Baum darstellt. Durch Einritzen der Moosgummifläche mit einem spitzen Werkzeug entsteht eine tieferliegende Zeichnung, die nach dem Einwalzen des Druckstocks mit Farbe und Abdruck ungefärbt bleibt. Der Abdruck ist immer spiegelverkehrt zum Druckstock. Der kindgerechte Moosgummidruck ist, im Gegensatz zum Kupferstich, ein Hochdruckverfahren.

Kompetenzen

- die Technik des Moosgummidrucks kennenlernen
- planmäßig vorgehen (Skizze, Kontraste „vorausschauen", Arbeitsplatz sauber halten)
- eine möglichst naturgetreue und detailreiche Winterlandschaft als Druckstock erstellen
- eine Komposition aus Flächen, Linien und Punkten aufbauen
- das Motiv sorgfältig vervielfältigen und farblich variieren

Zeitbedarf

2 Unterrichtsstunden

Wissenswertes

„Jäger im Schnee" gehört zur Serie der Sechs-Jahreszeiten-Bilder, da man damals in den Niederlanden sechs Jahreszeiten zählte: Vorfrühling, Frühling, Frühsommer, Hochsommer, Herbst und Winter. Auch andere Kulturen, wie die Ureinwohner Australiens oder Menschen in Südasien, unterscheiden sechs und nicht vier Jahreszeiten. Die Bewohner der russischen Tundra unterteilen das Jahr in nur zwei Jahreszeiten.

Arbeitsablauf

1. Vorbereitung: Einen Laubbaum in allen Jahreszeiten anhand von Abbildungen betrachten und Unterschiede herausarbeiten, Struktur des laublosen Winterbaumes analysieren. Ideen für eine Winterlandschaft besprechen, die Komposition am Skizzenpapier mit Bleistift vorskizzieren.

2. Mit Kugelschreiber die Skizze auf die Moosgummiplatte übertragen: Durch Einritzen entstehen Linien, durch Eindrücken Punkte. Durch Ausschneiden der Moosgummifläche mit der Schere werden größere Bereiche (Stamm, Hügel) erzeugt. Alle Vertiefungen sollen gut spürbar sein (mit geschlossenen Augen ausprobieren und mit dem Finger über das Material fahren). Die Vertiefungen werden später als helle Linien sichtbar. Je sorgfältiger dieser Arbeitsschritt umgesetzt wird, desto kontrastreicher wird der Abdruck. Zur Sicherheit nochmals die Zeichnung kräftig nachritzen.

3. Die Moosgummifläche auf die Pappfläche aufkleben. Eventuell mit kleinen Moosgummistückchen die Komposition ergänzen. Falls eine Signatur gewünscht ist, muss sie spiegelverkehrt eingeritzt werden.

4. Die Farbe auf die Druckplatte geben, mit der Farbwalze ausrollen, bis die Walze gleichmäßig mit der Farbe benetzt ist. Mithilfe der Farbwalze den Druckstock sorgfältig einfärben. Druckpapier auflegen und mit dem Handballen in Rundbewegungen vorsichtig abdrucken. Zuletzt das Papier behutsam abziehen.

Variationen

Bei jedem Druckvorgang kann eine andere Farbe eingewalzt werden. Farbreste erzeugen neue, interessante Farbkombinationen.

Der zweite Abdruck ist immer blasser und wirkt „winterlicher". Man kann ihn so belassen oder mithilfe von Buntstiften mit zarten Farbtönen versehen.

Musikbegleitung

Antonio Vivaldi: „Vier Jahreszeiten" – Winter;
Quadriga Consort: „On a Cold Winter's Day"

- Es sollte ein ausreichend breiter Rand am Druckpapier eingeplant werden. So kann das Papier leichter vom Druckstock abgezogen werden und das Motiv kommt besser zur Geltung.
- Die Ecken (Formatmarker) des Druckpapiers auf die Unterlage (z. B. Zeitungspapier) eintragen, dann in der Mitte der markierten Fläche den Druckstock platzieren. Anschließend das Druckpapier passgenau an die Formatmarker zum Abdrucken legen. So liegt das Motiv mittig am Papier und parallel zum Rand.
- Ein leicht strukturiertes Papier erzeugt einen gekörnten („verschneiten") Abdruck.
- Statt Moosgummiflächen kann man auch Polystyrol-Tabletts (diese werden für Fisch oder Fleisch in Supermärkten genutzt) oder Polyblock-Druckplatten verwenden.
- Aus den Moosgummiresten kann man einen weiteren Druckstock gestalten. Hierbei sollte zwischen den einzelnen aufgeklebten Teilen etwas Abstand bleiben. Das Ergebnis ähnelt einem Holzschnitt.

Tipps

Rudolph – das kleine Rentier

Pieter Bruegel d. Ä.: „Jäger im Schnee", 1565

Pieter Bruegels „Jäger im Schnee" bietet so viele Motive zum Entdecken, dass es schade wäre, dieses Bild nur im Rahmen eines einzelnen Projektes den Schülern näherzubringen. Kalt ist der blau-grüne Bildhintergrund, auf dem sich der winterliche Alltag der damaligen Menschen abspielt. Auch für Tiere, die gemalten und die hier nicht sichtbaren, ist es eine harte Jahreszeit. Alle haben einen großen Feind: den Hunger. Die Jäger kommen in diesem auf Holzplatte gemalten Gemälde mit wenig Erfolg von der Jagd nach Hause, lediglich mit einem Fuchs als Beute. Für die hier nicht gemalten Tiere war es aber Glück, sie sind ihrem Schicksal entkommen. Gerade um die Weihnachtszeit herum ist es spannend, die Beziehung zwischen Menschen und Tieren zu hinterfragen und als humorvolles Projekt umzusetzen, das mehr Verständnis für andere Lebewesen erwecken soll.

Projekt

„Rudolph – das kleine Rentier", Collage

Es soll ein humorvolles, winterliches Rentier-Porträt auf einer Holzplatte gestaltet werden.

Zeitbedarf

1 Unterrichtsstunde

Material

dünne Sperrholzplatte (DIN A4), weiße Papierreste, ausrangierte bunte Kindersocken, kleine Zweige, rote Wolle (ca. 2 m je Schüler), blaue, gelbe und weiße Temperafarbe, schwarzer Filzstift, großer Flachpinsel, Wasserbehälter, Gabel, Klebstoff, evtl. Heißkleber, Schere, Reimtext als Ausdruck auf Papier, Reproduktion des Werkes „Jäger im Schnee", Abbildungen von Rentieren zur Anschauung

Kompetenzen

- auf der Holzplatte einen Hintergrund mit farblicher Bruegel-Referenz aus den Farben Gelb, Blau und Weiß malen
- zur Jahreszeit passende Materialien anwenden
- Materialien verfremden
- den Gesichtsausdruck durch kleine Details darstellen
- ausrangiertes Material in die Arbeit einbeziehen
- mit Humor gestalten

Arbeitsablauf

1. Vorbereitung: Bruegels „Jäger im Schnee" betrachten, unterschiedliche Motive finden und benennen. Klimabedingungen im damaligen Europa kennenlernen, den winterlichen Alltag der Menschen und Tiere mithilfe des Gemäldes besprechen. Über Ernährungsmodelle der Menschen diskutieren. Das Projektthema vorstellen. Den Reim vorlesen: Dieser kann auch nach der Melodie „Rudolph the red nosed reindeer" gesungen werden.

Rudolph, du kleines Rentier,
Hase, Vogel, Fuchs und Reh.
Ein frohes Fest euch allen
und keine Jäger mehr im Schnee!

Wissenswertes

Zur Zeit der Entstehung dieses Gemäldes gab es – ähnlich wie heute – Klimaschwankungen. Die sogenannte kleine Eiszeit, die Anfang bis Mitte des 19. Jahrhunderts in unterschiedlich langen Zeitabschnitten herrschte, führte zu sehr kalten und langen Wintern und bedeutete eine Hungerperiode für viele Menschen und Tiere. Die kleine Eiszeit war eine natürliche Klimaveränderung, ermöglicht aber einen Bezug zum aktuellen, von den Menschen verursachten, Klimawandel.

2. Die Holzplatte mit Wasser bestreichen. Danach etwas gelbe, blaue und weiße Temperafarbe auftragen, direkt auf der Platte mischen, mit Wasser verdünnen und auf der ganzen Holzplatte verteilen. Die Holzmaserung soll dabei sichtbar bleiben (Lasur). Anschließend gut trocknen lassen.

3. Die Nase des Rentiers kann mithilfe einer Gabel ganz einfach als Pompon gestaltet werden. Hierzu ein etwa 20 cm langes Wollstück in die mittlere Lücke zwischen zwei Zinken der Gabel legen und die restliche Wolle locker um die Gabel wickeln. Wenn alles aufgewickelt wurde, kann man die beiden Enden des Wollstücks locker zusammenbinden. Die gewickelte Wolle vorsichtig von der Gabel herunterschieben und die Wollenden jetzt fest zusammenbinden.

Zuletzt eine Schere in den Wolltunnel schieben, die Fäden durchschneiden und den entstandenen Pompon mit der Schere etwas nachbearbeiten.

4. Die Socke mittig auf die bemalte Holzplatte legen und die Zweige so arrangieren, dass sie als Geweih fungieren. Die unteren Zweigenden können unter der Socke versteckt werden, bevor alles mit Klebstoff oder Heißkleber fixiert wird. Zuletzt den Pompon als Nase ankleben.

5. Die Augen auf Papierresten mit Filzstift aufzeichnen, ausschneiden (ca. 1 mm Rand zum Umriss lassen) und auf die Socke kleben. Den auf Papier ausgedruckten Text am unteren Bildrand mittig ankleben.

Variationen

Auf ähnliche Weise kann beispielsweise auch ein Vogel dargestellt werden. Hierzu den Schnabel zuerst aus der Pappe ausschneiden und mit Wolle umwickeln. Die Zweige können hier für die Beine und Krallen verwendet werden.

Musikbegleitung

Weihnachtslied: „Rudolph, das kleine Rentier", Sting: „If on a Winter's Night"

- Wenn die Socke vor dem Ankleben etwas gefaltet wird, können durch Umformen skurrile Grimassen entstehen.

Tipp

Mein Wohnort by night

Vincent van Gogh: „Sternennacht", 1889

Vincent van Gogh, der zu seinen Lebzeiten wenig Erfolg als Maler hatte, gilt heute als einer der größten Künstler, dessen Werke zu den teuersten gehören. Er beeinflusste Expressionisten und bereitete den Weg der modernen Malerei. Mit kräftigen Farben und deutlichem Pinselduktus brachte er die Macht seiner Gefühle dem Motiv gegenüber auf die Leinwand.

„Sternennacht" entstand in einer für den Maler schwierigen Zeit. Wegen seiner Nervenkrankheit war er im Krankenhaus und durfte das Zimmer nicht alleine verlassen. Einsam, missverstanden und getrennt von der Welt stand er vor dem nächtlichen Fenster mit dem Blick auf die Stadt. In seinem Kopf rotierten viele gegensätzliche Gedanken. Das Sternenlicht der Hoffnung triumphierte aber über die Dunkelheit und ungewisse Zukunft.

Projekt
„Mein Wohnort by night",
Übermalung und Ergänzung

Zeitbedarf
1 Unterrichtsstunde

Material
schwarz-weiße Fotokopie der eigenen Wohnortansicht im Hochformat (DIN A3, mindestens die oberen zwei Drittel des Papierblattes sollten leer sein), Ölpastell- oder Wachskreiden, blaue und eventuell schwarze Tusche oder Wasserfarbe, großer Flachpinsel, Wasserbehälter, Reproduktion des Werkes „Sternennacht", Kerze zur Anschauung

> **Wissenswertes**
> Die fetthaltigen Ölpastell- bzw. Wachskreiden sind hydrophob, d. h. sie verbinden sich nicht mit den Wasserfarben, wodurch die Optik dieses Nachtbildes entsteht.

Kompetenzen
- Nachtbild gestalten (Kontrast zwischen hellen und dunklen Bereichen)
- warme und kalte Farben anwenden
- Pinselführung in kurzen Strichen an das eigene Gefühl (durch Musik inspiriert) anpassen

Arbeitsablauf
1. Vorbereitung: Van Goghs „Sternennacht" (auch vergrößerte Bildausschnitte) betrachten und besprechen. Mit dem Finger die pulsierenden Kraftlinien nachfahren und deren Form benennen. Ein stimmungsvolles Musikstück auswählen und mit geschlossenen Augen zuhören. Die dabei entstandenen inneren Bilder und Gefühle besprechen. Eine im dunkleren Raumbereich brennende Kerze betrachten, sich die Farben und deren Reihenfolge in der Flamme merken.

2. Das Bild (nochmals mit Musikbegleitung) aufbauen. Hierzu die eigene Wohnortansicht mit Ölpastell- oder Wachskreiden übermalen.

3. Einige Sterne im leeren Papierbereich als orangefarbene Punkte kräftig andeuten. Mit kurzen Strichen und konzentrisch vom Orange über das Gelb bis hin zum Weiß das Sternenlicht aufbauen. Je stärker die Farbe aufgetragen wird, desto deutlicher wird der spätere Kontrast zwischen Licht und Dunkelheit.

4. Mit einem großen Flachpinsel blaue Tusche oder Wasserfarbe rasch über das ganze Papierblatt auftragen. Eventuell (ganz wenig) schwarze Tusche oder Wasserfarbe zum Abdunkeln des Hintergrundes der blauen Farbe oder Tusche beimischen.

Variation

Kraftlinien müssen nicht immer konzentrisch um den Sternenpunkt aufgebaut sein. Auch Spiralen oder Schleifen, dicht oder aufgelöst gedeutet, geben bei jedem ganz anders das innere Lichtgefühl wieder.

Musikbegleitung

Claude Debussy: „Clair de Lune";
Ludwig van Beethoven: „Mondscheinsonate"

- Das Format der Fotokopie sollte nicht kleiner als DIN A3 sein, um der Hand genügend Freiheit beim Lichtaufbau zu ermöglichen.
- Beim Übermalen einer Fotokopie sind Ölpastellkreiden empfehlenswerter als Wachskreiden. Ihre Farben sind leuchtender, deckender und weicher, wodurch die Kinder beim kräftigen Farbauftrag nicht ermüden.
- Blaue Tusche oder Wasserfarbe mehrmals auf die gewählten Himmelsbereiche auftragen. So wird der Kontrast zwischen Licht und Dunkelheit deutlicher und das Himmelsbild durch zufällige Farbverläufe spannender.

Tipps

Mohnblumenfeld? Gleich!

Claude Monet: „Mohnfeld bei Argenteuil“, 1873

Claude Monet gehörte zu den Impressionisten – eine Malergruppe des 19. Jahrhunderts, die den Moment und das Licht auf eine damals ganz neue Art in den Bildern festhielt. Zwei Erfindungen, nämlich die Eisenbahn und Farben in Tuben, machten den Künstlern den Weg in die Natur leichter und schneller. Die Eindrücke (Impressionen) von schnell vergehenden Lichtstimmungen oder alltäglichen Szenen im Freien wurden rasch, mit Verzicht auf unnötige Details alla prima (in einem Arbeitsgang) gemalt. Manche Motive wurden sogar mehrmals bei unterschiedlichen Lichtverhältnissen aufgegriffen, wie beispielsweise Monets „Kathedrale von Rouen“. Das Werk „Mohnfeld“ zeigt die Gegend von Paris, wo Monet mit seiner Familie lebte. Monets Frau und Sohn spazieren durch die Wiese und sind hier gleich zweimal dargestellt. Es verändert sich nicht nur die Stelle der spazierenden Personen, sondern auch das Licht wegen der zahlreichen und schnellen Wolken. Das Licht verändert wiederum die Farben der Wiese und der Kleidung. Die Mohnblumen sind rasch, bevor die nächste Lichtveränderung kommt, lediglich als rote Flecken angedeutet.

Projekt
„Mohnblumenfeld? Gleich!“, Collage

Zeitbedarf
1 Unterrichtsstunde

Wissenswertes
Komplementärfarben liegen einander im Farbkreis gegenüber und haben eine wichtige Bedeutung in der Malerei. Befinden sich zwei komplementäre Farben (z. B. Rot und Grün) nebeneinander, steigert sich der Kontrast zwischen den beiden Farben, sodass sie mehr zu leuchten scheinen.

Material
weißes Aquarellpapier (DIN A4), rote und schwarze Aquarellfarbe bzw. Tusche, weicher Rundpinsel, Wasserbehälter, Bilderrahmen, Schere, Klebstoff, frische Wiesenkräuter (ohne Blüten), Reproduktion des Werkes „Mohnfeld bei Argenteuil“, Mohnblumenstrauß zur Anschauung

Kompetenzen
- rasch, mit Verzicht auf Details arbeiten
- mit Naturmaterial gestalten
- die komplementären Farben Rot und Grün anwenden und deren Wirkung verstehen
- Haltbarkeit und Veränderung von Natur- und Künstlermaterial beobachten
- Arbeiten im Freien

Arbeitsablauf
1. Vorbereitung: Wiesenkräuter in der Nähe unmittelbar vor der Gestaltung sammeln, in einem Wasserbehälter aufstellen. Monets „Mohnfeld“ (auch vergrößerte Bildausschnitte) betrachten und analysieren. Die Blumen erkennen, die Farbpalette der Wiese genauer betrachten, unterschiedliche Grüntöne und die vereinfachte Darstellung der Mohnblumen wahrnehmen und begründen.

2. Das Pflanzenmaterial, am unteren Rand des Aquarellpapiers beginnend, anordnen, eventuell kürzen, ankleben und fest andrücken. Hierzu den Klebstoff auf das Papier unterhalb der Pflanze auftragen, nicht auf die Pflanze selbst, da sie sonst reißen kann.

3. Zuerst nur mit Wasser einen mittelgroßen Kreis zwischen den angeklebten Pflanzen ausmalen. Die Pinselspitze in rote Farbe tauchen. Die Mitte des Kreises damit berühren und einige Sekunden halten. Die Farbe verteilt sich rasch und von alleine konzentrisch. Den Pinsel gründlich säubern und danach die schwarze Farbe auf die Mitte des roten Flecks auftragen. Dabei mit dem Pinsel nur kurz die Papieroberfläche berühren. Für weitere Mohnblüten den Vorgang wiederholen. Nach dem Einrahmen alle Arbeiten als ein großes „Mohnblumenfeld" präsentieren.

Variationen

Pflanzenmaterial auf grünes Tonpapier kleben. Idealerweise stehen verschiedene Grüntöne des Tonpapiers zur Verfügung, aus welchen die Schüler auswählen können. So ergibt sich eine abwechslungsreiche Wiese bei der Gruppenpräsentation.
Mohnblüten auf Aquarellpapierreste malen, ausschneiden und auf die Komposition kleben. Den Kontrast zwischen den Komplementärfarben auf weißem und grünem Hintergrund untersuchen.

Musikbegleitung

Claude Debussy: „Arabesque No. 1"

- Wiesenpflanzen verwelken schnell – hier ist also rasches Handeln gefragt. Das Arbeiten im Freien wäre eine ideale Alternative und ist zudem im Sinne der Impressionisten.
- Nach dem Einrahmen des Werkes wird man bereits nach einigen Tagen die Veränderung des Naturmaterials feststellen können: Es trocknet und schrumpft und auch Farbunterschiede werden deutlich.
- Diese Arbeit eignet sich auch sehr gut als Muttertagsgeschenk.

Tipps

Hut auf, Hut ab!

Edgar Degas:
„Rennpferde: Das Training", 1894

Edgar Degas, Meister der Pastellmalerei, gehörte zu den Impressionisten, unterschied sich aber von ihnen in vielen Aspekten. Da er aus einer wohlhabenden Familie stammte, konnte er sich ohne Geldsorgen der Kunst widmen. Er verkehrte in gehobenen Kreisen und machte Szenen aus dem Ballett, Theater und Pferderennen zu seinen Hauptthemen. Die Bewegung der Tänzer, Sänger, Jockeys und Pferde faszinierte ihn. Im Unterschied zu anderen Impressionisten skizzierte er nur vor Ort und fertigte die Bilder erst im Atelier an. Dies stand mit seiner fortschreitenden Augenkrankheit in Zusammenhang, Tageslicht fügte ihm Schmerzen zu. In den letzten Lebensjahren war der Künstler bereits blind und widmete sich nunmehr Plastiken. „Rennpferde" ist für die damalige Zeit ungewöhnlich komponiert. Die Szene wirkt wie ein Foto-Schnappschuss. Manches bleibt dem Betrachter verborgen, was das Gefühl der Bewegung und Spontanität steigert.

Projekt
„Hut auf, Hut ab!",
Pop-up-Karte in Mischtechnik

Zeitbedarf
2 Unterrichtsstunden

Material
weißes Tonpapier (DIN A4), weiße Papierreste, Aquarellstifte, evtl. Softpastellkreiden, evtl. schwarzer Filzstift, Bleistift, feiner und mittelgroßer Rundpinsel, Wasserbehälter, Schere, Klebstoff, Fixativ bzw. Haarspray, Reproduktion des Werkes „Rennpferde: Das Training", Pferdeabbildungen und -figuren, fertiges Modell zur Anschauung

Kompetenzen
- Pferd mit Jockey zeichnen
- Landschaft und Stallumgebung gestalten
- bewegliches, stufenweise blickdeckendes Bild gestalten
- Tasterfahrungen aufs Papier bringen
- Kompositionsmöglichkeiten erkennen und ausloten
- unterschiedliche Techniken anwenden

Arbeitsablauf
1. Vorbereitung: Diverse Bilder des Künstlers, auf denen Pferde zu sehen sind, betrachten und besprechen. „Reiter im Ausritt" genauer analysieren (Stellung der Pferde und Jockeys, Landschaft, Komposition, Darstellung der Bewegung). Pferdefiguren ansehen und ertasten (rundes Hinterteil, lange Beine, Kugelgelenke). Körperbau des Pferdes, Pferdestall, Hippodrom, Reitstall und Einrichtungen im Freien anhand von Abbildungen kurz vorstellen.

2. Tonpapierblatt im Querformat auflegen und als Pop-up-Karte mithilfe der Foto-Anleitung vorbereiten. Hierfür das quer liegende Papier zunächst mittig falten und wieder aufklappen (1). Beide Seiten zur Mittellinie falten (2). An den Faltkanten zu beiden Seiten nun mit der Schere jeweils zwei Schnitte einfügen (3). Auf diese Weise entstehen die Stege für die späteren „Pop-up-Elemente". Die Seiten öffnen und die beiden Stege nach innen klappen (4). Die Seiten wieder schließen. Auf der Vorderseite einen Torbogen zeichnen (5) und entlang der Bogenlinie nur auf der vorderen Papierlage das Tor einschneiden (6). Die Torflügel öffnen und den oberen Teil des Tores in das Innere der Karte einkleben (7).

Wissenswertes

Die Fotografie, eine Erfindung des 19. Jahrhunderts, faszinierte Edgar Degas, der oft das damalige Novum als Grundlage seiner Bildkompositionen nutzte. Es war allerdings recht umständlich, diese Hilfe mitzunehmen und zu bedienen, da die Geräte damals äußerst groß waren.

3. Jetzt kann mit der Gestaltung begonnen werden. Hierzu mit Bleistift auf beiden Torflügeln die Holzbrettstruktur als Skizze zeichnen. Die Karte aufschlagen und auf der mittleren Faltenspur (Bildachse) einen Kreis als Hinterteil eines Pferdes mit Bleistift aufzeichnen. Zwei Linien, welche die Beine darstellen, verlaufen von den Kreisscheiteln leicht schräg nach unten. Mittig wird der Pferdeschwanz eingezeichnet. Gelenke auf den Beinachsen als zwei kleine Kreise eintragen. Pferdebeine formen (richtige Beinstärke auf beiden Seiten der Beinachsen andeuten) und die Hufe ergänzen. Um das Hinterteil des Pferdes herum die Beine des Jockeys, danach auch dessen Rücken, die Arme und den Kopf mit Kappe zeichnen. Reitstiefel, Hose und das Trikot ergänzen. Eventuell den Pferdekopf seitlich hinter der Jockeyfigur einfügen. Umgebungselemente (Bäume, Zaun, Hügel, Zuschauer) um das Pferd mit seinem Reiter herum skizzieren. Auf den Papierresten zwei Pferdeköpfe aufzeichnen, ausschneiden und auf den seitlichen inneren Stegen als Pop-up-Elemente ankleben.

4. Mit Aquarellstiften die innere Skizze (ohne Torflügel) kolorieren, mit Wasser vermalen, nach dem Trocknen eventuell mit Softpastellkreiden übermalen und leicht verwischen. Bei der Verwendung der Pastellkreiden anschließend im Freien oder am offenen Fenster fixieren.
Im geschlossenen Zustand ist ein Tor erkennbar. Beim Aufklappen der Torflügel treten die beiden Pferdeköpfe auf den Stegen dreidimensional hervor und lassen den Jockey auf dem Pferd in den Hintergrund rücken.

Variationen

Die Torflügel der fertigen Arbeit in verschiedenen Schließungsstadien fotografieren, die Unterschiede finden und deren Wirkung analysieren. Wie verändert sich die Bildkomposition?

Musikbegleitung

Jacques Offenbach: „Cancan"

- Treten Schwierigkeiten beim Zeichnen des Pferdekopfes auf, kann von der Form einer Socke ausgegangen werden.
- Kinder tun sich oft schwer damit, einen Kopf von hinten, also ohne Augen zu zeichnen. Zur Ermutigung können sie sich gegenseitig von hinten betrachten. Falls diese Stellung weiterhin für sie schwer akzeptabel ist, kann man den Kopf des Jockeys im Profil darstellen (auf Degas' Bild finden und sich inspirieren lassen).
- Ein Hintergrund in kalten Farben steigert die Tiefenwirkung.

Tipps

Der goldene Wald

Gustav Klimt: „Buchenwald", 1902

Gustav Klimt, Künstler der Wiener Secession, ist vor allem für seine ornamentreichen, mit Blattgold, Silber und Edelsteinen verzierten sinnlichen Bilder bekannt. Seine Auftraggeber waren angesehene Institutionen und eine wohlhabende Klientel. Er fertigte meist Porträts und komplexe allegorische Szenen, oft mit Frauenmotiv. All das aber verwarf Klimt im Sommer, den er mit seiner Familie und Freunden am Attersee im oberösterreichischen Salzkammergut verbrachte. Hier malte er selbstverständlich auch, jedoch vor allem Landschaften. Klimt stand oft auf der Terrasse seines Ferienhauses und suchte das Bildmotiv mit einem Fernrohr oder „Sucher" – ein Stück Pappe mit quadratischem Loch in der Mitte. Das Werk „Buchenwald", aus unterschiedlich alten, mit Flechten überzogenen Baumstämmen und dicht angelegten Farbtupfern als Waldboden gebaut, verströmt Stille und Ruhe. Sowohl das Format als auch die ausgewogene Komposition aus vertikalen (Stämme) und horizontalen (Blätterboden, Hintergrund) Elementen lassen den Betrachter in die Tiefe des Waldes blicken. Nicht alles muss auf dem Bild sichtbar sein, um es zu verstehen: Die Baumkronen befinden sich beispielsweise außerhalb des Blickfeldes.

Projekt

„Der goldene Wald", Mischwald in Mischtechnik

Zeitbedarf

1–2 Unterrichtsstunden

Material

weißes Malpapier im quadratischen Format, Zeitungspapier, verschiedene getrocknete und gepresste Herbstblätter, weiße Kerzenreste oder weißer Wachsstift, gelbe, rote und blaue Temperafarbe, Softpastellkreiden, mittelgroßer Flachpinsel, Wattestäbchen, Klebstoff, Fixativ bzw. Haarspray, Reproduktionen des Werkes „Buchenwald" und anderer Landschaftsbilder des Künstlers

Kompetenzen

- einen herbstlichen Wald darstellen
- aus vertikalen und horizontalen Elementen eine harmonische Komposition gestalten
- Bildformate kennenlernen und deren Wirkung erfahren
- unterschiedliche Techniken anwenden und verschiedene Materialien erproben

Arbeitsablauf

1. Vorbereitung: Diverse Landschaftsbilder von Klimt ansehen, die ersten Eindrücke austauschen. „Buchenwald" genauer betrachten (u. a. vergrößerte Ausschnitte des Waldbodens) und analysieren (Komposition, Farben). Die Abbildung mit Papier so abdecken, dass ein Panorama-Bild (Querformat) entsteht. Danach die Abbildung so abdecken, dass ein vertikales Bild (Hochformat) entsteht. Die unterschiedlichen Wirkungen und Eindrücke mit dem Originalformat vergleichen. Wie wandert unser Auge durch das Bild? Einen „Sucher" mit quadratischer Öffnung aus Papier ausschneiden und damit die Umgebung aus dem Fenster beobachten. Vertikale und horizontale Elemente finden und benennen.

Wissenswertes

Viele Bilder Klimts haben ein quadratisches Format. Es ist für ein Werk von Bedeutung, ob es ein quadratisches oder rechteckiges, hohes oder liegendes Format hat. Ein Quadrat, die ideale Form, beruhigt die Komposition (alles scheint statischer und harmonischer zu sein). Mit einem Rechteck (Quer- oder Hochformat) kann man den Blick des Betrachters lenken und die Dynamik steigern.

2. Mit Kerzenresten vertikal zahlreiche Linien (junge Baumstämme) kräftig aufzeichnen. Dort perlt die Farbe ab. Verdünnte blaue Temperafarbe als Himmel im oberen Viertel des Bildes auftragen. Den restlichen Bildteil mit einer verdünnten Mischung aus Gelb und Rot als Waldboden bemalen. Jetzt sind die jungen Stämme sichtbar. Mit Wattestäbchen gelbe, rote und grüne Temperafarbe reichlich auf den Waldboden auftupfen. Die grüne Farbe wird hierfür aus den Grundfarben gemischt. Zeitungspapier darauflegen, abheben und etwas versetzt mehrmals abdrucken. So wird der Blätterboden rasch verdichtet.

3. Um die Landschaft weiter auszugestalten, mit Softpastellkreiden eine Schicht mit der ganzen Stiftlänge leicht andrückend auftragen, mit dem Finger verwischen und zuletzt mit Fixativ oder Haarspray bei offenem Fenster fixieren.

4. Aus dem Zeitungspapier unterschiedlich breite Streifen als Baumstämme reißen, dabei die Länge variieren und durch Abreißen korrigieren. Verschiedene Platzierungen ausprobieren und mit angeklebten Herbstblättern die Komposition nach Wunsch ergänzen.

Variationen

Die Farbpalette an die Lieblingsjahreszeit anpassen. Blätterstempel (aus frischen Blättern, auf der Unterseite mit Farbe benetzt) statt der geklebten Blätter verwenden.

Musikbegleitung

Gustav Mahler: „Symphonie Nr. 5 – Adagietto"

- Die Größe der Herbstblätter sollte an die Größe des Malblattes angepasst sein (eher kleinere Herbstblätter auswählen).
- Zeitungspapier am gewellten Rand in Streifen reißen (am glatten Rand gelingen nur Papierstücke, aber keine Streifen).

Tipps

Fish and Mix

Paul Klee: „Guter Fischplatz", 1922

Paul Klees Bilderwelt, vorwiegend aus einfachen geometrischen Formen und Feldern in bestimmter Farbabfolge komponiert, erinnert oft auch an fantasie- und humorvolle Kinderarbeiten. Im Farbrhythmus seiner Werke kann man die Liebe zur Musik erkennen (er selbst spielte Geige, seine Frau unterrichtete Klavier). „Guter Fischplatz", lasierend in Aquarelltechnik gemalt, stellt neben dem düster, in horizontalen Streifen aufgebauten Meer, auch Figuren dar, die verschieden lesbar sein können. So kann beispielsweise der Leuchtturm auch ein Fisch oder der Hai ein Boot sein.

Projekt

„Fish and Mix", Collage

Es soll das Kinderlied „Drei kleine Fische" illustriert werden.

Zeitbedarf

1–2 Unterrichtsstunden

Material

weiße Fotokartonunterlage (DIN A4 oder DIN A5), blaues, weißes und schwarzes Seiden- oder Krepppapier, verschiedene getrocknete und gepresste Herbstblätter, weiße und schwarze Acrylfarbe, evtl. wasserfester schwarzer Stift, feiner Rundpinsel, Klebstoff, Schere, evtl. Schneidemaschine, Bilderrahmen, Reproduktionen des Werkes „Guter Fischplatz" und anderer Meeresbilder des Künstlers

Kompetenzen

- ein Bild aus Grundformen aufbauen
- Farbenrhythmus und Farbtonabstufungen anwenden
- Naturmaterial verfremden
- fantasievolle Meereswesen einbinden

> **Wissenswertes**
> Paul Klee malte meist kleinformatige Bilder, sein Arbeitsbereich war oft sogar der Küchentisch. Auch andere Maler hatten ungewöhnliche Vorlieben, beispielsweise malte Claude Monet auf seinem Boot oder Vincent van Gogh platzierte Kerzen an seinem Hut und auf der Staffelei, wenn er nachts im Freien malte.

Arbeitsablauf

1. Vorbereitung: Klees diverse Meeresbilder ansehen, geometrische Formen erkennen, Farbenabfolge (Rhythmus) und Bildstimmung analysieren. Gegenstände und Wesen in den Bildern finden. Das Projektthema vorstellen, das zu illustrierende Lied anhören, singen und den Rhythmus nachklatschen.

2. Seidenpapierbogen in der Breite der Papierunterlage schneiden. Mehrere Bogen in verschiedenen Farben übereinanderlegen und mit der Schere oder Schneidemaschine in 2–3 cm breite Streifen schneiden (wird von einem Erwachsenen ausgeführt).

Musikbegleitung

Claude Debussy: „La Mer“; Kinderlied: „Drei kleine Fische“

3. Seidenpapierstreifen neben der Unterlage im festgelegten Rhythmus (Farbabfolge) als Probe auflegen. Farbabfolge eventuell noch variieren und korrigieren. Unterlage mit Flüssigklebstoff bestreichen, Seidenpapierstreifen vom oberen oder unteren Fotokartonrand beginnend etwas überlappend auflegen und andrücken, bis der ganze Fotokartonbogen beklebt ist und keine leeren Stellen zwischen den Streifen mehr zu sehen sind.

4. Drei getrocknete und gepresste Herbstblätter als Fische auswählen und mit weißer Acrylfarbe verschiedene Muster, beispielsweise Streifen, Punkte, Wellen oder Schuppen aufmalen. Danach den Pinsel säubern, die Pinselspitze in schwarze Farbe eintauchen und Details hinzufügen.

5. Bemalte Herbstblätter vorsichtig am Stängel halten, Klebstoff punktuell auf die Rückseiten der Blätter geben und auf dem Streifenhintergrund ankleben.

Variationen

Farbpalette des Meeres darstellen, z. B. am Morgen, bei Sonnenuntergang.
Vorsichtige Übermalung in Streifenrichtung mit großem Flachpinsel z. B. mit roter oder grüner Aquarellfarbe.
Ältere beziehungsweise musikalische Kinder können die ersten zwei Liedzeilen nachklatschen, Länge der Silben erkennen und sich die langen Silben als breite und die kurzen Silben als schmale Streifen vorstellen. Die zweite Liedzeile ist übrigens eine Wiederholung der ersten. Auch in Paul Klees Bildhintergrund lassen sich Farbwiederholungen finden.

- Einen harmonischen Farbübergang erzielt man durch ausreichende Überlappung der Streifen.
- Eine abschließende Schicht aus Flüssigklebstoff lässt alle Farben harmonisch ineinander übergehen und fixiert die Arbeit.
- Aufgeklebte Kreppapierstreifen in Weiß hellen den Bildbereich auf.
- Die mit Flüssigklebstoff vollgesogene Papierunterlage kann, je nach Papierstärke, zum Zusammenrollen nach dem Trocknen neigen. Dem kann man durch Einrahmen des Bildes entgegenwirken.

Tipps

Recycling mit Kreisen

Wassily Kandinsky:
„Komposition VIII", 1923

Als Wassily Kandinsky, der erfolgreiche, russische Rechtswissenschaftler, bei einer Ausstellung Monets Bild „Heuhaufen" sieht, verändert sich sein Leben. Auch er will Maler sein! Das gesehene Bild irritiert und fasziniert ihn gleichermaßen. Farben und Formen scheinen doch ausreichend für ein gutes Bild zu sein, auch wenn man nicht gleich erkennt, was eigentlich dargestellt wurde. Kandinsky widmet sich ab diesem Moment der Kunst: verlässt seine Heimat, studiert Malerei, gründet Künstlergruppen, gehört zu den Expressionisten, schreibt, forscht, unterrichtet und gilt als einer der Wegbereiter der abstrakten Malerei. „Komposition VIII" oder „Einige Kreise" gehören zu den Bildern, die die Malerei veränderten. Selbst die Titel der Werke deuten auf das Loslassen vom Gegenständlichen. Auch wenn uns hin und wieder ein Bild an etwas erinnert (z. B. Weltall), stellt es nichts mehr als eine Komposition aus Formen und Farben dar, die für den Maler eine bestimmte Bedeutung hatten.

Projekt
„Recycling mit Kreisen", abstrakte Komposition aus Plastiktaschenelementen

Zeitbedarf
1 Unterrichtsstunde

Material
diverse Plastiktaschen und Tüten (einfarbig, gemustert, fest, durchsichtig), Tonpapier (DIN A4), zwei Bogen Backpapier (etwas größer als das Format des Tonpapiers), Schere, Bügeleisen, weiche Bügelunterlage, Bilderrahmen, Reproduktionen des Werkes „Heuhaufen", „Komposition VIII" und anderer abstrakter Kompositionen

Kompetenzen
- Freude am Gestalten mit Formen und Farben
- Loslassen von der Gegenständlichkeit des Bildes
- bewusste Bildkomposition
- Recycling

Wissenswertes
Einwegtüten aus Plastik nutzt man lediglich einige Minuten – dafür brauchen sie Hunderte von Jahren, um abgebaut zu werden. Anstatt Abfall zu produzieren, kann man den Kunststoff, der robust und abwaschbar ist, beispielsweise als Tischsets, Umschläge oder Taschen umweltfreundlich weiterverarbeiten (nähen). Also – wie Kandinsky – umdenken und Dinge mit Formen und Farben weiterentwickeln.

Arbeitsablauf
1. Vorbereitung: Monets Bild „Heuhaufen" und Kandinskys abstrakte Kompositionen anfangs ohne Titelnennung ansehen und analysieren, Titel der Werke erraten. Der folgende Bügelvorgang sollte im Freien (Schulhof, Terrasse, in der Nähe eines Stromanschlusses) und in Begleitung von Erwachsenen durchgeführt werden. Eine Umsetzung der Idee ohne Bügeleisen und ohne das Schmelzen der Tüten wird unter „Variation" beschrieben.

2. Weiche Bügelunterlage auf den Arbeitstisch legen, darauf das Tonpapierblatt und mittig darauf den Backpapierbogen legen. Auf dem durchscheinenden bunten Feld wird die Komposition aufgebaut.

3. Aus den Plastiktaschen verschiedene, einfache Formen ausschneiden. Mit großen Stücken beginnen, alle ausgeschnittenen Teile überlappend auf dem Arbeitsfeld auflegen, Platzierungen eventuell korrigieren und mit kleineren Plastikformen ergänzen. Danach mindestens drei unterschiedlich große und gefärbte Kreise aus Plastik ausschneiden, konzentrisch aufeinanderlegen und auf der großen Komposition platzieren. Es soll möglichst keine leeren Stellen zwischen den Plastikflächen geben. Große, transparente (bunte oder klare) Tütenflächen über die Komposition legen.

4. Den zweiten Backpapierbogen darauflegen. Mit dem Bügeleisen (mittlere Hitzestufe, ohne Dampf) mehrmals vorsichtig darüberbügeln. Den oberen Backpapierbogen vom Rand etwas hochziehen, die Verschmelzung prüfen, eventuell Bügeltemperatur ändern und gegebenenfalls nochmals bügeln. Das Backpapier vorsichtig abziehen. Die Plastikflächen können – je nach Material und Bügeltemperatur – etwas schrumpfen und die Formen etwas verzerrt wirken, was dem abstrakten Experiment einen zusätzlichen Reiz geben kann. Auf den Überlappungsstellen entstehen oft neue, interessante Farbmischungen.

5. Die geschmolzene Komposition auf das Tonpapier legen, eventuell überstehende Flächen wegschneiden und beide Schichten gemeinsam einrahmen.

Variation

Auch ohne Bügeleisen und ohne Schmelzprozess lassen sich mit zusammengestellten Tütenelementen schöne Ergebnisse erzielen. Hierzu einfach die gewünschten Partien aus den Tüten ausschneiden und nach Wunsch auf dem Tonpapier anordnen (transparente Tüten ermöglichen beim Überlappen wunderbare Farbmischungen) und mit transparent auftrocknendem Klebstoff fixieren.

Musikbegleitung

Sergei Prokofjew: „Klavierkonzert Nr. 3"

- Das Schneiden von Plastikflächen verlangt etwas Übung – leichter geht es mit kurzen Scherenschnitten.
- Die Kreise kann man mit wasserfestem Stift vorskizzieren.

Tipps

Blumenmusik

Emil Nolde:
„Großer roter Mohn“, 1942

„Ich liebe die Musik der Farben“, sagte Emil Nolde, ein expressionistischer Meister der Aquarellmalerei, der vor allem für seine ausdrucksstarken und farbintensiven Landschaften und Blumenbilder bekannt ist. Seine Inspirationsquellen waren unter anderem die Nordsee und der eigene, farbenfrohe Blumengarten, den er liebevoll mit seiner Frau in Seebüll in der Nähe von Sylt gestaltete.
„Großer roter Mohn“, wie auch andere Aquarellbilder Noldes, erkennt man sofort an der Leuchtkraft und Intensität der Farbe.
Nolde malte oft auf handgeschöpftem, durchscheinendem Japanpapier. Mehrfacher Farbauftrag und viel Wasser führten dazu, dass nicht nur Bildmotive, sondern auch der Bildträger mit Farbe vollgesogen waren.

Projekt
„Blumenmusik“, Aquarell

Zeitbedarf
1 Unterrichtsstunde

Material
Aquarell- oder Japanpapier (DIN A4), Aquarellfarben, Tusche, weiche Rund- und Flachpinsel in verschiedenen Größen, zwei Wasserbehälter, Reproduktionen des Werkes „Großer roter Mohn“ und anderer Blumen-Aquarellbilder des Künstlers, Blumenstrauß zur Anschauung

Kompetenzen
- Inspiration in echten Blumen suchen (Blumenstrauß oder Wiese) und diese als große Blüten in die eigene Komposition aufnehmen
- Nass-in-Nass-Technik kennenlernen und anwenden
- Farbe durch mehrfachen Farbauftrag intensivieren
- Tiefenwirkung durch eine gezielte Hintergrundgestaltung erzeugen
- sauberer Umgang mit der Farbe
- Arbeiten im Freien

Arbeitsablauf
1. Vorbereitung: Noldes Blumen-Aquarellbilder betrachten und analysieren. Blumensorten erkennen, Farbe der Blumen und des Hintergrundes untersuchen. Einen großen Blumenstrauß, beispielsweise aus Wiesenblumen, in einem stabilen Behälter für alle gut sichtbar aufstellen. Eventuell kleinere Sträuße pro Arbeitsgruppe vorsehen. Mit einem „Sucher“ (siehe Klimt-Projekt) oder „Fernrohr“ aus beiden Händen nach einem schönen Motiv im Blumenstrauß suchen. Blütenformen und eventuell den Duft untersuchen.

2. Nur mit Wasser einen mittelgroßen gefüllten Kreis auf das Aquarellpapier malen. Mittig auf die nasse Fläche mit der Spitze des Rundpinsels zuerst helle Aquarellfarbe auftragen. Den Pinsel im Wasser säubern und die nächsten Blumen nicht zu klein auf die gleiche Art, aber in anderen Farben und etwas voneinander entfernt gestalten.

> **Wissenswertes**
> Das menschliche Auge nimmt zuerst warme, helle Farbtöne wahr. Wenn diese von kalten oder dunklen Farbflächen umgeben sind, entsteht eine Tiefenwirkung, d. h. das Bild sieht nicht flach aus, sondern hat mehrere Ebenen (vorn und hinten).

3. Zur Farbintensivierung auf die noch feuchte Blumenfläche neue Farbschichten im gleichen oder in einem anderen Farbton auftragen.

4. Die Blütendetails mit feinerem Pinsel ergänzen.

5. Den Hintergrund zuerst mit Wasser, dann mit kalten Farbtönen ausmalen, dabei mehrmals Farbe auftragen.

Variationen

Zur Texturbereicherung die noch feuchten, bunten Flächen mit klarem Wasser besprenkeln.
Eine Blumenkomposition erstellen, indem Blumen einer Sorte oder gemischt dargestellt werden.

Musikbegleitung

Dmitri Schostakovitsch: „Jazzsuite, Waltz No. 2"

- Falls möglich, das Gestaltungsprojekt im Schulgarten umsetzen.
- Zwei Wasserbehälter pro Schüler und sorgfältige Pinselreinigung beim Farbtonwechsel führen zum ungetrübten, leuchtenden Aquarellbild.
- Viel Wasser verwenden, damit die Farben fließen können. Es ist allerdings ratsam, die Blumen mit getrennten Wasserkreisen anzufangen, damit die Komposition klar strukturiert ist.
- Mit bunten Tuschen kann man die Farbintensität steigern. Eine abschließende Farbschicht beispielsweise aus gelber Tusche wärmt die Farbtöne auf.
- Weiße Blumen malt man in der Aquarellmalerei nicht, sondern spart sie aus. Hierzu den Umriss mit einem feinen Pinsel malen und den Hintergrund bis zur Umrisslinie ergänzen.
- Abdunkeln des Hintergrundes mit Dunkelblau oder Schwarz verleiht dem Bild mehr Tiefe.
- Die in Farbe eingetauchte Pinselspitze an die feuchte Papieroberfläche halten. So verteilt sie sich konzentrisch. Je länger der Pinsel das Papier berührt, umso intensiver wird der Farbton.

Tipps

Ruck-zuck-Adventskalender mit Pablo

Pablo Picasso:
„Teller mit Eule“, 1955

„Ich suche nicht – ich finde“, meinte einst Pablo Picasso, für den unter anderem Kinder, Tiere und Fundstücke eine große Inspiration waren. „Zu malen wie ein Kind“ war für ihn ein erstrebenswertes künstlerisches Ziel. Zahlreiche Tiere begleiteten ihn sein Leben lang, so war beispielsweise ein Käuzchen ein Mitbewohner seines Ateliers. Dort konnte man seine Werke, aber auch skurrile Fundgegenstände sehen, die auf „neues Leben“ aus des Künstlers Händen warteten.
Die Eule gehörte zu Picassos Lieblingsmotiven. Man findet den nachtaktiven Vogel mit charakteristisch fixierendem, wachsamem Blick auf vielen seiner Zeichnungen, Collagen, Keramiken oder Skulpturen.

Projekt

„Ruck-zuck-Adventskalender mit Pablo“, Papier-Collage

Es soll aus diversem Papier eine Eule gestaltet werden, welche die Adventskalender-Minigeschenke überwacht.

Zeitbedarf

2 Unterrichtsstunden

Material

Pappteller bzw. runde Pappe (ca. Ø 25 cm), Packpapier, Zeitungspapier, schwarze, blaue und weiße Temperafarbe, schwarzer Filzstift, Bleistift, Ast oder Holzstange (ca. 40 cm lang), Zahlenreihe 1–24 auf Papierstreifen, Wolle, Nägel, Wattestäbchen, Pinsel, Klebstoff, Klebepads bzw. Patafix, Schere, Reproduktionen des Werkes „Teller mit Eule“ und anderer Bilder des Künstlers mit Eulenmotiv

Kompetenzen

- mit gefundenen Materialien und Materialresten gestalten
- eine Eule mit für diese Vogelart charakteristischen Eigenschaften in Collagetechnik darstellen
- mehrteiliges Projekt mit Picasso-Referenz umsetzen

Arbeitsablauf

1. Vorbereitung: Unterschiedliche Werke Picassos mit Eulenmotiv betrachten und besprechen. Fotos aus dem Atelier Picassos und dessen Privatleben ansehen. Eulenthema als kurze Naturkunde mittels einiger Abbildungen den Schülern näherbringen. Funktion und verschiedene Formen von Adventskalendern besprechen.

2. Mit einer Mischung aus blauer und schwarzer Temperafarbe den Papptellerrand ausmalen und trocknen lassen.

3. Auf dem Packpapier den Umriss der Eule skizzieren. Es sollen Kopf, Augen, Schnabel, Bauch- und Schwanzbereich angedeutet werden. Zeitungspapier

Wissenswertes

Ihrem ruhigen und fixierenden Blick verdankt die Eule ihren Ruf als weiser Vogel – sie kann Dinge sehen, die sich im Dunkeln abspielen und die von anderen nicht gesehen werden.
Bereits in der Antike galt sie als Vogel der Weisheit und als das Sinnbild der Göttin Pallas Athene. In Wirklichkeit aber ist die Eule nicht intelligenter als andere Vogelarten.

Musikbegleitung

Kinderlied: „Finster, finster";
Johann Sebastian Bach: „Toccata und Fuge in d-Moll"

in etwa 1 cm breite Streifen schneiden oder reißen, danach in 2–3 cm lange Rechtecke schneiden und als Federreihen aufkleben. Mit schwarzem Filzstift Kopfdetails aufzeichnen. Mit schwarzer oder weißer Temperafarbe eventuell ausmalen und anschließend trocknen lassen.

4. Mit Wattestäbchen weiße Punkte aus reichlich Temperafarbe auf den dunklen Tellerrand auftragen. Als Punkte belassen oder in Sterne umwandeln, indem mit dem Wattestäbchen aus der Punktmitte nach außen die Zacken gezogen werden.

5. Die Eule aus dem Packpapier ausschneiden und auf den Teller kleben. Aus Packpapierresten Flügel, Beine und Krallen ausschneiden, mit Klebstoff am Vogel fixieren und mit Filzstift die Details ergänzen.

6. Papierstreifen mit der Zahlenreihe auf die Holzstange aufkleben und die Wollschnur an beiden Stangenenden anbinden. 24 Adventspäckchen aufhängen. Zur Befestigung des Kalenders an der Wand zwei Nägel verwenden. Auf der Tellerrückseite Klebepads oder Patafix anbringen.

Variationen

Ähnlich wie Picassos Tierzeichnungen, reduziert und rasch eine Eule mit schwarzem Filzstift aufzeichnen. Statt der Eulenaugen Menschenaugen einfügen (Foto des jeweiligen Kindes kopieren und nur den Augenausschnitt verwenden).

Tipps

- Beim Zeichnen der Eule am besten mit einem Kreis als Kopf beginnen.
- Die Federreihen von unten beginnen und überlappend aufkleben.
- Statt einer Zahlenreihe am Holzstab können auch die Päckchen nummeriert werden.
- Nach der Adventszeit die Zahlenstange entfernen und die „überwachende" Eule für den Rest des Jahres behalten.

Kalt-warme Fata Morgana

Paul Klee: „Zwei Dromedare und ein Esel“ 1919; „Der Niesen – Ägyptische Nacht“, 1915

„Ich und die Farbe sind eins", sagte der Schweizer Künstler Paul Klee, dessen Reisen nach Tunesien und Ägypten Inspiration für zahlreiche Meisterwerke waren. Die am Tag unerträglich heiße Wüste, die in der Nacht wiederum sehr kalt sein kann, wurde entsprechend in warme oder kalte Farbtöne und geometrische Grundformen übersetzt.

„Zwei Dromedare und ein Esel" stellt eine sonderbare Karawane aus drei Tieren ohne Menschenbegleitung dar. Die beiden Dromedare lassen sich, trotz der Vereinfachung des Körpers als Dreiecksform, gut erkennen. Der abstrakt gedeutete Esel lässt sich nur aufgrund des Titelhinweises als Esel identifizieren. Diese Idee erinnert an die symbolhaften „Bildvereinbarungen" von Kindern, für die gewisse Formen etwas eindeutig darstellen, obwohl das für andere Betrachter vollkommen unklar sein kann.

„Der Niesen – Ägyptische Nacht" ist ein Doppelbild und kann sowohl als nächtliche ägyptische Stadtansicht mit Pyramiden-Kulisse, aber auch als der Schweizer Berg Niesen mit Landschaft im Vordergrund gesehen werden. Traum, Wirklichkeit, Erinnerung und Poesie sind hier unter dem gemeinsamen Himmel vereinigt.

Projekt
„Kalt-warme Fata Morgana", Lamellenbild in Aquarelltechnik

Es soll eine dreidimensionale Doppelarbeit (Tag und Nacht) mit optischer Täuschung gestaltet werden.

Zeitbedarf
4 Unterrichtsstunden

Material
zwei stärkere weiße Papierbogen (DIN A4, mindestens 120 g/qm), ein schwarzer Tonpapierbogen (DIN A4), Aquarellfarben, Bleistift, Flachpinsel in verschiedenen Größen, feiner Rundpinsel, zwei Wasserbehälter, Klebstoff, ggf. Heißkleber, Schneidemaschine bzw. Schere, evtl. Föhn, schwere Gegenstände (z. B. Bücher) zum Beschweren, Reproduktionen der Werke „Zwei Dromedare und ein Esel" sowie „Der Niesen – Ägyptische Nacht"

Kompetenzen
- ein Bild aus Grundformen aufbauen
- ein Bild aus Erinnerung und Erfahrung gestalten
- kalte und warme Farbtöne mischen und anwenden
- das Papier präzise falten und teilen
- das Phänomen der Fata Morgana kennenlernen und gestalterisch umsetzen

Arbeitsablauf
1. Vorbereitung: Die beiden Bilder von Paul Klee betrachten und besprechen. Geometrische Formen erkennen, kalte und warme Farben finden und deren Bedeutung klären. Abbildungen vom Berg Niesen ansehen und mit Pyramiden vergleichen. Das Klima (Tag und Nacht, Fata-Morgana-Phänomen) und Lebensbedingungen (Karawane, Wasser, Bauten) in der Wüste besprechen. Sand in einem Behälter zum Tasten und Sieben anbieten. Mit einem Föhn den heißen Wind nachahmen.

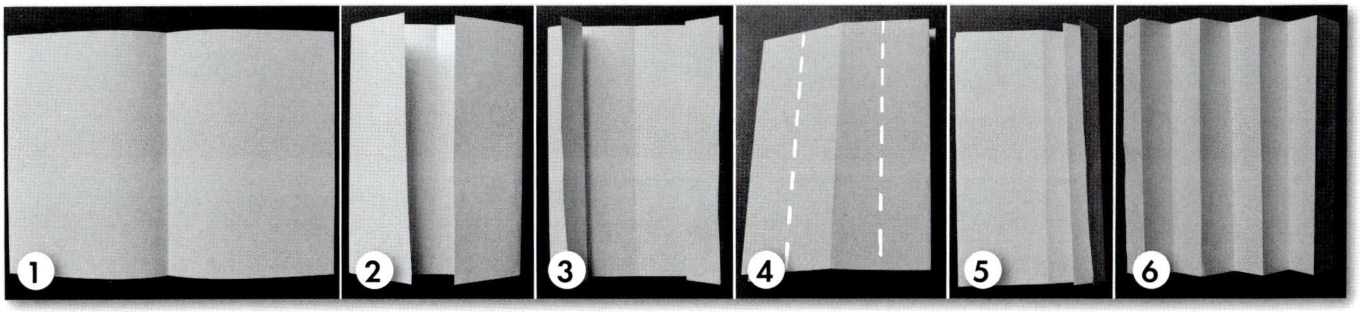

2. Zunächst wird ein weißer Papierbogen im DIN-A4-Format mithilfe der Fotoanleitung zu einer achtteiligen „Ziehharmonika" gefaltet. Zum Falten des Blattes den Papierbogen quer legen, mittig falten und wieder aufklappen, sodass die Mittellinie erkennbar ist (1). Die beiden Seiten zur Mittellinie falten (2). Danach die soeben gefalteten Teile jeweils zur Hälfte wieder zurückfalten (3). Die Faltarbeit wenden und beide Seiten zur Mittellinie falten (4). Wird das Blatt nun aufgefaltet, ist es in acht Felder aufgeteilt. Auf diese Felder werden später die einzelnen Streifen der beiden Bilder aufgeklebt.

Wissenswertes

Die Sahara kann man auch ohne Reise bei uns erleben: Manchmal werden die Sandkörnchen als „Sahara-Staub" mit dem Wind sogar in unsere Gegend getragen und sind als gelber Schleier auf den Fensterscheiben oder Autos sichtbar.

3. Nun werden die beiden Bilder gestaltet. Dafür einen weißen Papierbogen (DIN A4) mit der Schneidemaschine halbieren, sodass zwei Bogen im Format DIN A5 entstehen. Auf einem Blatt wird zunächst die kalte Wüste dargestellt. Hierzu wird das Werk „Ägyptische Nacht" nochmals genau betrachtet: Die Schüler versuchen, sich möglichst viele Details zu merken. Das Bild wird danach verborgen und die Schüler malen das Motiv aus der Erinnerung, indem sie Aquarellfarbe mit feuchtem Flachpinsel als Rechtecke und Dreiecke auftragen. Beim Farbtonwechsel den Pinsel sorgfältig auswaschen. Neue Farbtöne können lasierend auf die schon gemalten Farbfelder aufgetragen werden, wodurch neue Farbkombinationen entstehen. Der Farbton wird intensiver, wenn man einen zweiten Auftrag mit der gleichen Farbe vornimmt. Mit dem Föhn das Trocknen des Bildes beschleunigen und den heißen Wüstenwind imitieren.

4. Danach die warme Wüste auf dem zweiten Papier im DIN-A-5-Format darstellen. Die Schüler erinnern sich, wie Paul Klee vereinfacht Dromedare malte, wie sich der Sand anfühlte und wie heiß der Wüstenwind aus dem Föhn spürbar war. Das zweite Bild wird Elemente dieser Erfahrungen beinhalten und kann eine Mischung aus expressivem, warmem Farbsturm und abstrakter, geometrischer Pyramiden- und Dromedardarstellung sein. Die Arbeitsweise und

das Motiv werden hier den Schülern überlassen. Es sollten allerdings warme Aquarelltöne verwendet werden. Gewünschte Details mit feinem Rundpinsel hinzufügen und zum Trocknen den Föhn erneut einsetzen.

5. Die beiden Bildteile im DIN-A5-Format auf jeweils vier gleiche Streifen aufteilen. Die Falten auf der „Ziehharmonika" (siehe Punkt 2) dienen als Marker. Jeweils drei Linien werden auf jedes gemalte Blatt (Rückseite) mit Bleistift übertragen, mit einem Lineal ergänzt und entlanggeschnitten, sodass von jedem Bild vier Bildstreifen entstehen. Alle Bildstreifen als zerschnittene Bilder wieder zusammenlegen. Hierbei die Reihenfolge beachten.

6. Das in acht Felder gefaltete Blatt sorgfältig mit Klebstoff versehen, anschließend „kalte" und „warme" Bildstreifen abwechselnd auflegen und andrücken. Idealerweise beginnen alle Schüler beispielsweise mit dem Aufkleben des kalten Streifens auf der gleichen Seite des gefalteten Blattes. Somit lässt sich eine Gruppenarbeit als Bilderkarawane präsentieren, die, je nach Blickrichtung, eine kalte Nacht oder einen heißen Tag in der Wüste darstellt. Die beklebte „Ziehharmonika" zusammenfalten, beschweren und prüfen, ob alle Streifen vollflächig angeklebt sind. Danach die Arbeit etwas auseinanderziehen und auf der Rückseite, entlang der Falten, punktuell Klebstoff auftragen. Mittig auf das schwarze Tonpapierblatt auflegen, sodass ringsum ein schwarzer Rand sichtbar bleibt, leicht andrücken und trocknen lassen.

Variation

Ein Doppelbild vom Berg Niesen im Winter und im Sommer erstellen.

Musikbegleitung

Anouar Brahem: „Le Voyage de Sahar"

- Damit die Aquarellfarben aus den benachbarten Farbfeldern nicht ineinanderfließen, empfiehlt es sich, parallel an verschiedenen, nicht unmittelbar benachbarten Papierbereichen zu arbeiten. So können die Farbfelder gut trocknen.
- Das Zuschneiden der „warmen" und „kalten" Bilder kann mit der Schneidemaschine beschleunigt werden. Hierzu auf der Rückseite der Bilder die Namen der Kinder in einer Reihe mehrmals mit Bleistift eintragen. Währenddessen faltet ein Erwachsener eine achtteilige „Opfer-Ziehharmonika" (DIN A4) aus Kopierpapier, faltet sie auseinander und schneidet sie in der Mitte durch. Alle „kalten" Bilder werden gesammelt und gestapelt. Ganz oben kommt eine vierteilige „Ziehharmonika" (DIN A5) hinzu. Der Stapel wird vorsichtig in die Schneidemaschine gelegt und nach und nach entlang der Falten auf der „Ziehharmonika" geschnitten. Nach jedem Schnitt wird den Schülern ein Streifenstapel überreicht. Anhand der Namen auf der Rückseite können die Streifen schnell zugeordnet werden. Diese Methode ist in einer kleineren Gruppe oder Klasse empfehlenswert. Mit den „warmen" Bildern den Vorgang wiederholen.

Tipps

Andy Warhol: „Blumen", 1964

„30 sind besser als eins", meinte Andy Warhol, der berühmteste Vertreter der Pop-Art. Seine in Siebdrucktechnik produzierten und vervielfältigten Arbeiten haben den Wert des Originals als Einzelwerk in Frage gestellt und gleichzeitig bewiesen, dass die Vervielfältigung eines Motivs mehr als „nur" eine Kopie sein kann. Seriell angefertigte Porträts von Filmstars und Alltagsgegenständen waren seine bekanntesten Werkthemen. Warhols Arbeiten waren schon zu ihrer Entstehungszeit sehr gefragt und machten ihn zu einem der erfolgreichsten Künstler der Geschichte.
Das Werk „Blumen" entstand nach einem Foto, das Warhol in einer Zeitung sah. Er veränderte in vielen Varianten (Sujets) die Anzahl und Anordnung der Blumen, in Siebdrucktechnik variierte er die Farbe der Blumen und des Hintergrundes. Einige Exemplare sind allerdings manuell von Warhol koloriert. Es ist nicht leicht, in den kräftigen Farben und vereinfachten Formen die zarte Hibiskusblüte zu erkennen.
Das quadratische Format ermöglicht eine Betrachtung von allen Seiten.

Projekt

„Flower-Power", kolorierte Monotypie

Ziel des Projektes ist es, die „Blumen" des Kunstpioniers zu kopieren. Auch die „Kunstwerkproduktion" wie in Warhols Atelier wird dabei nachgeahmt: Die Kinder arbeiten gemeinsam, um viele Versionen eines Motivs möglichst rasch zu erhalten und optimieren den Arbeitsvorgang durch die „Schablonen-Tauschbörse" (siehe Tipps).

Zeitbedarf

1 – 2 Unterrichtsstunden

Material

Tetrapakflächen bzw. festes Hochglanzpapier (z. B. Illustriertenumschlag), Papier im quadratischen Format, evtl. zusätzlich buntes Seidenpapier, Zeitungspapier, schwarze malfertige Temperafarbe, Wasserfarben, Aquarellfarben oder -stifte, Kugelschreiber, Druckplatte (Kunststoff, Glas oder Fliese), Farbwalze, Wattestäbchen, Zahnstocher bzw. Stecknadel, Wasserbehälter, Pinsel, Klebstoff, Schere, Reproduktionen des Werkes „Blumen" und anderer Bilder des Künstlers mit Blumenmotiv, Blumen oder Blumenfotos zur Anschauung

Kompetenzen

- diverse Kopiermöglichkeiten ausloten, das Kopieren als Imitation und Vervielfältigung erfahren
- Technik der Monotypie und Reservage kennenlernen
- den Unterschied zwischen Monotypie und Mehrfachdruck erkennen
- das Motiv variieren
- Gruppenarbeit

Arbeitsablauf

1. Vorbereitung: Grasstruktur und Farbenpracht der einfachen Blumen, beispielsweise Primeln, in der Natur oder auf Fotos betrachten, mit verschiedenen Varianten von Warhols „Blumen" vergleichen, die Unterschiede zwischen Varianten dieses Kunstwerkes analysieren.

2. Um eine Schablone zu gestalten, auf der Tetrapakfläche oder einem Hochglanzpapier einen vereinfachten Blumenumriss mit Kugelschreiber zeichnen und ausschneiden.

3. Auf die Druckplatte schwarze Farbe auftragen und mit der Farbwalze in alle Richtungen gleichmäßig bis zum Rand verteilen.

4. Mit Wattestäbchen in raschen (damit die Farbe nicht antrocknet) und freien Bewegungen Grashalme auf der Druckplatte ausschaben, bis eine dichte Grashalmlandschaft entsteht.

5. Blumenschablone über die Druckplatte halten und überlegen, wo die Blume am besten wirken könnte.

Wissenswertes

Warhols Kunst war im Einklang mit der modernen Konsumgesellschaft, in der Quantität statt Qualität und Anonymität statt persönlichem Kontakt zählen. Und so verwendete Warhol für seine Arbeiten fremde Bilder und Motive und ließ andere Menschen (Assistenten) seine Arbeiten drucken. Kunst ist Fabrik geworden. „Factory" hieß auch Warhols Atelier. Übrigens: Die Urheberin des Hibiskusblüten-Fotos verklagte Warhol wegen Verwendung ihres Motivs.

Danach die Schablone auflegen und anschließend die ganze Komposition mit zu bedruckendem Papier vorsichtig bedecken. Mit dem Handballen in leicht andrückenden Kreisbewegungen über die Papieroberfläche reiben, dabei mit der zweiten Hand die Arbeit fixieren, um Verschiebungen zu vermeiden.

6. Das Papier vorsichtig abziehen, die Blumenschablone mithilfe eines Zahnstochers oder einer Stecknadel entfernen. Die Ergebnisse der Abdecktechnik (franz. Reservage) begutachten: Überall dort, wo die Blumenschablone lag, ist jetzt eine unbedruckte Fläche in Blumenform entstanden, die je nach Hintergrundausführung mehr oder weniger gut erkennbar ist. Die Druckplatte betrachten: Die Grashalme sind fast verschwunden. Man kann damit keinen zweiten Abdruck machen, da die ausgeschabte Farbe keinen festen, wiederverwendbaren Druckstock bildet (Monotypie). Falls man mit dem Ergebnis nicht zufrieden ist oder noch ein weiteres Bild mit Grasmotiv haben möchte, muss man die Schritte 3–6 wiederholen. Dabei entsteht ein ganz neues Bild und im Gegensatz zum Mehrfachdruck mit Druckstock (Schablone) keine Kopie.

7. Die unbedruckten Blumenformen mit Wasserfarben, Aquarellfarben oder -stiften ausmalen, dabei etwas Abstand zum Grashintergrund lassen, damit die wasserlösliche Farbe den Hintergrund nicht verwischt

beziehungsweise selbst nicht getrübt wird. Als Ergänzung eventuell aus dem Seidenpapier eine weitere Blume ausschneiden und auf die bevorzugte Stelle legen. Zum Fixieren ganz wenig Klebstoff unter die Blume auf das bedruckte Papier geben (nicht auf das zarte Seidenpapier, sonst kann es leicht reißen).

8. Zum Schluss alle Arbeiten unmittelbar nebeneinander an der Wand präsentieren (Namensignaturen auf der Rückseite aufbringen). Gemeinsam die Ergebnisse betrachten: Wer hat was gemacht? Sieht es individuell oder ein wenig nach Massenproduktion aus?

Variationen

Anstatt das Bild zu kolorieren, kann auch ein mehrfarbiger Druck hergestellt werden. Hierzu die Blumenschablone mit einem leicht feuchten Lappen säubern, am Zeitungspapier trockentupfen und auf die unbedruckte Blume legen, um sicherzustellen, dass es die richtige Schablone ist. Danach Temperafarbe in einem anderen Farbton mit Farbwalze oder Pinsel dünn auf die Schablone auftragen, diese auf die passende weiße Blume auflegen, mit sauberem Zeitungspapierblatt abdecken und mit dem Handballen in Kreisbewegungen andrucken. Anschließend Zeitungspapier und Schablone entfernen.

Um das Motiv zu variieren, kann man das Grasmotiv nochmals mit Wattestäbchen in freien Bewegungen ausführen. Die Schablonen anders anordnen und andere Farbtöne zum Kolorieren oder andersfarbiges Seidenpapier zum Bekleben verwenden.
Der Hintergrund lässt sich variieren, indem unterschiedliche Tonpapierfarben zum Drucken des Grasmotivs verwendet oder ein anderer Farbton zum Drucken des Grases gewählt wird.

Musikbegleitung

David Bowie: „Andy Warhol"

- Eine Schablonen-Tauschbörse, bei der zwei bis vier Kinder ihre Schablonen einander zur Verfügung stellen, spart Zeit und Arbeit. So muss jedes Kind nur eine Blumenschablone vorbereiten, kann beim Druckvorgang aber verschiedene Schablonen verwenden.
- Der Farbauftrag mit Farbwalze oder Pinsel ergibt unterschiedliche Wirkungen. Es kann eine gleichmäßige Oberfläche geschaffen werden oder eine mit Pinselhaar-Struktur, was bei der Grasdarstellung einen zusätzlichen Reiz erzeugt.

Tipps

Das Rot-Blatt-Käppchen und der Woll-Wolf

Hazel Terry: „Rotkäppchen", 21. Jahrhundert

Hazel Terry illustriert sehr unkonventionell und humorvoll unter anderem klassische Märchen, wie beispielsweise Grimms „Rotkäppchen". In ihren Arbeiten erkennt man eine tierliebende Künstlerin – sie wuchs mit vielen Tieren auf dem Land auf. Neben Bleistift- und Tuschezeichnungen sowie Drucken findet man in ihren Mischtechnikarbeiten auch Stoffapplikationen oder Stickereien, welche die abgebildete Geschichte haptisch erlebbar machen und besondere Charaktereigenschaften der Figuren oder die Bedeutung der Szene betonen.

Projekt

„Das Rot-Blatt-Käppchen und der Woll-Wolf", Mischtechnik (Monotypie/Zeichnung/Materialdruck/Collage)

Projektaufgabe ist es, sich in die Rolle eines zeitgenössischen Illustrators zu versetzen, der das alte Märchen mit etwas Humor – wie bei Hazel Terry – sowohl durch eine ungewohnte Illustrationstechnik als auch durch Modifikationen in der Geschichte selbst auffrischt. Schüler diskutieren über die Originalfassung. Was scheint uns heutzutage unlogisch, was stört uns daran, was ist hier nicht mehr zeitgemäß? Schwerpunkt der Diskussion soll das Verhältnis Mensch-Tier sein, warum werden manchen Tieren gewisse negative menschliche Eigenschaften zugeschrieben? Haben nur Menschen Angst?

Wir haben uns für ein neues Szenario entschieden: Das Rot-Blatt-Käppchen und der Woll-Wolf spielen Verstecken im Wald. Es kann ein Herbstwald dargestellt werden, in dem sich das Mädchen besser tarnen kann. Aber auch ein Winterwald, in dem der Polarwolf kaum zu sehen ist (man braucht ihn gar nicht zu zeichnen, lediglich nur „dazudenken") ist möglich. Auch das kann eine Rolle des Illustrators oder Autors sein: Durch das Wissen und das Verständnis für andere Lebewesen kann die Angst vor Tieren in Respekt umgewandelt werden.

Zeitbedarf

2 Unterrichtsstunden

Material

rotes und weißes Papier (DIN A4), schwarze Wolle, rote Herbstblätter (z. B. wilder Wein/Veitschi), schwarze malfertige Temperafarbe, Bleistift, schwarzer Filzstift oder Fineliner, Flachpinsel oder Farbwalze, evtl. Wattestäbchen, Zeitungspapier, Druckplatte (Kunststoff, Glas oder Fliese), Radiergummi, Klebstoff, Schere, Reproduktion des Werkes „Rotkäppchen", verschiedene Illustrationen zum Märchen „Rotkäppchen" zur Anschauung

Wissenswertes

Jedes Zeitalter hat seine Märchen. Das für uns heute etwas verstaubte, eventuell sogar unverständliche Rotkäppchen-Märchen stellt die damalige Beziehung von Wolf und Menschen dar. Den Wölfen, die bei der Nahrungssuche oft menschliche Siedlungen angegriffen haben, wurden schon seit dem Mittelalter die dunkelsten Eigenschaften zugeschrieben. Gezielte Bejagung führte dazu, dass das einst bedrohliche Tier inzwischen vom Aussterben bedroht ist. Der anpassungsfähige Wolf ist in verschiedenen Klimazonen vertreten. Die tarnenden Fellfarben erhöhen seine Überlebenschancen.

Kompetenzen

- Aufgaben des Illustrators kennenlernen und durch eigene Modifikationen anwenden
- Technik der Monotypie und Reservage kennenlernen
- Materialien und Farben verwenden, welche die Eigenschaften der Figuren betonen (z. B. schwarze Wolle als Fell eines Furcht einflößenden Tieres)
- vorgegebene Formen verfremden und weiterentwickeln (Streifenabdruck als Baumstämme, Blattform als Rotkäppchen)
- eine reduzierte, zur Geschichte passende Farbpalette anwenden (hier: Weiß, Rot, Schwarz)
- verschiedene Hintergrundfarben anwenden und deren unterschiedliche Wirkung erfahren
- Material vielseitig anwenden (Herbstblatt als Kleidungsstück oder Stempel verwenden)

Arbeitsablauf

1. Vorbereitung: Verschiedene Wolfsarten anhand von Abbildungen und kurzer Tierkunde kennenlernen, unterschiedliche alte und moderne Illustrationen des Märchens vergleichen und besprechen.

2. Für das weiße Bild werden mindestens drei gerissene Streifen aus Zeitungspapier benötigt. Schwarze Temperafarbe auf die Druckplatte auftragen, mit Farbwalze oder Pinsel bis zum Rand gleichmäßig verteilen, das untere Drittel der Platte unbestrichen

lassen – diese Fläche wird später einen Hügel andeuten. Alternativ kann man auch die ganze Platte bestreichen und die Hügelkonturen und Flächen mit Wattestäbchen oder einer Spachtel ausschaben. Die Zeitungsstreifen als Baumstämme auf der Druckplatte anordnen. Mit weißem Papierblatt bedecken, mit dem Handballen in Kreisbewegungen und leicht andrückend über die Papieroberfläche fahren. Wird das Papierblatt vorsichtig abgenommen, sind überall dort, wo Zeitungsstreifen lagen, weiße Baumstämme erkennbar. Auch die Zeitungsstreifen vorsichtig von der Druckplatte entfernen. Diese haben jetzt auf der Rückseite einen schwarzen Druckplattenabdruck und werden später als dunkle Baumstämme auf dem roten Bild angeordnet.

3. Um ein Gebüsch anzudeuten, die Druckplatte nochmals mit schwarzer Farbe einwalzen, ein Herbstblatt an der geäderten Rückseite mit Farbe bestreichen und mit der Farbe nach unten auf das Bild legen. Mit Zeitungspapier abdecken und mit dem Handballen in Kreisbewegungen abdrucken. Zeitungspapier und Blattstempel entfernen, eventuell nochmals einen zweiten, helleren Abdruck hinzufügen.

4. Ein rotes Herbstblatt auswählen, mit der Schere daraus eine Rotkäppchenfigur ausschneiden und mit Klebstoff auf dem Papier fixieren. Manche Kinder bevorzugen es, ein Herbstblatt wie Papier oder Stoff zu nutzen und schneiden unabhängig von der Blattstruktur das Rotkäppchengewand aus. Andere Kinder integrieren beispielsweise die Blattform, den Stängel oder den zackigen Blattrand und erhalten mit nur ein bis zwei Schnitten ein sehr natürlich wirkendes Kostüm. Danach Körperdetails (am Anfang mit Bleistift) hinzufügen, bei zufriedenstellendem Ergebnis mit Filzstift oder Fineliner überzeichnen und mit einem Radiergummi die Bleistiftlinien entfernen. Die Komposition mit zusätzlichen Details (Waldweg, Steine, Baumäste) ergänzen.

5. Für das rote Bild werden schwarz bedruckte Zeitungsstreifen als Baumstämme angeordnet und die Waldlandschaft mit Bleistift ergänzt (Hügel, Gebüsch, Baumäste). Den Umriss des Wolfes aufzeichnen, dabei auf für diese Tierart und Dramaturgie typische Attribute achten (Kopfform, Zähne, Krallen). Das Tier kann gänzlich oder nur teilweise sichtbar sein. Beachten, dass der Wolfskörper mit Wollstückchen beklebt

wird, also nicht zu viele unnötige Details hinzufügen. Wenn man mit der Komposition zufrieden ist, mit Filzstift oder Fineliner nachzeichnen und die Bleistiftlinien mit dem Radiergummi entfernen. Mit aufgeklebten roten Herbstblättern die Komposition bereichern.

6. Schwarze Wolle in kleine (ca. 5 mm lange) Stückchen schneiden. Den Wolfskörper mit Klebstoff einpinseln, die Wollstückchen daraufstreuen und leicht andrücken. Eventuell Augen aus Papier ausschneiden oder mit einem Locher ausstanzen, Pupillen mit Filzstift einfügen und am Kopf mit Klebstoff fixieren. Mit Textstreifen (Bildtitel oder Zitate) beide Bildteile ergänzen. Nebeneinander, wie ein aufgeschlagenes Buch, präsentieren.

Variationen

Als Druckplatte eignen sich auch andere, nicht saugende, Flächen. Sie können eine andere als rechteckige Form oder einen anders ausgebildeten Rand haben. Wir verwendeten beispielsweise eine alte Fliese mit abgesplitterten Kanten sowie einen Keksdosendeckel mit abgerundeten Ecken. Das kann zur zusätzlichen Bereicherung der Illustration führen – vorausgesetzt, das zu bedruckende Papier ist größer als die Druckplatte selbst.

Eine vertikale Pinselführung beim Einfärben der Druckplatte (mit flachem Borstenpinsel ausgeführt) erzeugt beim Abdruck eine dichte Wald-Textur aus schlanken Baumstämmen.

Musikbegleitung

Sergei Prokofjew: „Peter und der Wolf“

- Papier hat immer eine Laufrichtung. Mit der Laufrichtung lässt sich Papier in gerade Streifen reißen. Gegen die Laufrichtung gelingt das nicht. Bei einem Zeitungspapier erkennt man die Laufrichtung auch an den unterschiedlichen Rändern. Wenn man am gewellten Rand das Papier anreißt, bekommt man ohne Mühe nahezu gerade Streifen. Reißen am geraden Rand ergibt Papierstücke, aber keine Streifen.

Tipp

Jörg Müller: „Die Veränderung der Landschaft“,1973

„Gerade für Kinder kann man nicht sorgfältig genug arbeiten“, sagt Jörg Müller, Schweizer Illustrator und Grafiker, dessen zahlreiche gesellschaftskritischen Arbeiten mehrfach preisgekrönt wurden. Sie beweisen detailreich, naturgetreu und gleichzeitig poetisch gestaltet, dass schwierige Themen auch für Kinder ein bewegendes Kunstthema sein können.

„Die Veränderung der Landschaft oder Alle Jahre wieder saust der Presslufthammer nieder“ ist ein Bildband, der aus sieben Bildtafeln besteht und die drastische Veränderung eines fiktiven Ortes innerhalb von 20 Jahren darstellt. Die zugunsten der stets ausgebauten Infrastruktur schrumpfende Landschaft, aber auch der immer geringer werdende Frei- oder Spielraum für Menschen, insbesondere Kinder, wird in dieser detailreich illustrierten Chronik zum Hauptthema. Die alte Baukultur, repräsentiert vom Haus in Rosa, geht unwiderruflich verloren. Auch Jahreszeiten mit ihren Besonderheiten scheinen vom Menschen gezähmt und kaum mehr wahrnehmbar. In unserem schnelllebigen und mit Umweltproblemen konfrontierten Zeitalter sollte dieses besondere Bilderbuch im Schulprogramm nicht fehlen.

Projekt
„Hier lebe ich und spiele ich!“, Collage

Es soll eine umweltfreundliche und kindgerechte Wohnumgebung in der Lieblingsjahreszeit als dreidimensionale Arbeit umgesetzt werden.

Zeitbedarf
2 Unterrichtsstunden

Material
Pappunterlage (DIN A3), leere Kartonverpackung (Kekse, Tee), weißes Papier (DIN A5), kleiner Zweig bzw. getrockneter Kräuterstängel (Baumstruktur), eigenes Porträtfoto (Passbildformat), Acrylfarben, schwarzer Filzstift bzw. Fineliner, Rund- und Flachpinsel in verschiedenen Größen, Schere, Klebstoff, ggf. Heißkleber, Bildband „Die Veränderung der Landschaft oder Alle Jahre wieder saust der Presslufthammer nieder“ von Jörg Müller, Sauerländer Verlag

Kompetenzen
- die eigene Wohnumgebung wahrnehmen, analysieren und kritisch betrachten
- kindgerechte Lösungen für die zukünftige Entwicklung der Umgebung überlegen und als Spielvorschlag im Freien darstellen
- sich und eigene Bedürfnisse als Teil der Umwelt sehen und umweltbewusst entwerfen, gestalten und handeln
- die Lieblingsjahreszeit mit ihren charakteristischen Eigenschaften malen
- eine detailreiche Arbeit mit Zeichnung umsetzen
- Abfall- und Naturmaterialien in die Arbeit mit einbeziehen

Arbeitsablauf
1. Vorbereitung: Müllers erste und letzte Tafel nebeneinanderlegen, nach Gemeinsamkeiten suchen. Danach alle Bildtafeln chronologisch betrachten und Veränderungen besprechen. Fotos des eigenen Ortes oder der Schulumgebung im Wandel der Zeit vergleichen. Über

Vor- und Nachteile der Änderungen für die Landschaft, den Ort und die Kinder diskutieren. Ideen für eine umwelt- und kinderfreundliche Wohnumgebung überlegen und als Gestaltungsthema einplanen.

2. Die Kartonschachtel als Haus und den Zweig als Baum mit Klebstoff auf der Pappunterlage fixieren.

3. Eigene Lieblingsaktivität im Freien (jahreszeitenabhängig) auf dem weißen Papier mit schwarzem Filzstift aufzeichnen. Die Szene ausschneiden (dabei etwa 1 mm Rand zum schwarzen Umriss lassen) und auf die Seite legen.

4. Die Pappkomposition mit Acrylfarben bemalen, Dabei die Lieblingsjahreszeit (passend zur Freiraumaktivität) mit entsprechender Farbpalette und Details berücksichtigen, beispielsweise einen laublosen oder blühenden Baum gestalten. Eigenes Foto auf das Haus als Fenster und die ausgeschnittene Freiraumaktivität ankleben. Zuletzt mit feinem Pinsel die Details ergänzen.

Wissenswertes

Früh übt sich, wer ein Meister werden will: Heutzutage ist Bürgerbeteiligung (Partizipation) im öffentlichen Leben, gerade auch in der Stadtplanung wichtig. Vielleicht können die Kinder ihre gestalterischen Ideen im Rathaus vorstellen?

Variationen

Eine erweiterte Fotocollage entsteht, wenn statt Zeichnungen auch für die Freiraumaktivitäten eigene Fotos verwendet werden. Hierzu unnötige Bereiche wegschneiden und sich selbst als spielende Person in das Bild integrieren.
Statt der Pappunterlage kann auch eine schwarzweiße Fotokopie mit dem Ausschnitt aus dem eigenen Wohnort übermalt werden.

Musikbegleitung

Vivaldi: „Vier Jahreszeiten";
Maurice Ravel: „Pavane pour une infante défunte"

- Beim Bemalen von großen Flächen immer mit einem großen Pinsel beginnen, damit die Hand nicht zu schnell ermüdet.
- Auch wenn mit einer einheitlichen Gestaltung begonnen wird, können unterschiedliche Ergebnisse erzielt werden. Durch Konfiguration aller Elemente kann man am Ende des Projektes über die Unterschiede staunen.

Tipps

Kunst aus dem Naturladen

Kleine Projekte und Experimente

Naturmaterialien, wie Blätter und Früchte oder Obst und Gemüse, sind leicht zu besorgen und überraschen Kinder mit ihrer Vielseitigkeit und einer ungewöhnlichen künstlerischen Anwendung. Naturformen sind schon an sich schön, die Farben zaubert man am besten aus den drei Grundfarben mit Weiß oder man macht einen einfarbigen Druck. Das Verfremden durch Wegschneiden, Dazuzeichnen oder Zusammensetzen bereitet auch den Kindern Freude, für die das Gestalten nicht die große Leidenschaft ist.

Stempel

Zum Stempeln wird kein Obst und Gemüse in 1a-Qualität benötigt. Hier kann man wunderbar Marktreste verwenden. Die Kinder probieren Quer- und Längsschnitte aus. Zum Abdrucken kann man auch Farbreste am Ende eines Projektes ausnutzen.

Mit Zwiebeln, Radicchio, Kohlsprossen, Okra, Karotten, Äpfeln oder Paprika lassen sich ganze Geschichten erzählen. Im Frühling ist damit beispielsweise eine Vogelhochzeit (mit Rolf Zuckowskis Musik untermalt), ein Heftumschlag oder eine Grußkarte im Handumdrehen gestaltet.

Farben

Obst-, Gemüse- und Kräutersäfte kann man nicht nur als Malfarbe verwenden. Vor dem Gestalten sollte man unbedingt zuerst die Nase, dann den Finger ins Glas stecken und eine kleine Kostprobe wagen. Die Farben kann man auch gemeinsam zubereiten: farbintensive Obst- und Gemüsesorten auspressen oder kurz aufkochen, sieben und auskühlen lassen. Auch flüssige Konfitüren ergeben wunderbare „pastose" Effekte. „Zauberfarbe" aus Zitronensaft, als abschließender Tupfer auf die bemalte Fläche aufgetragen, verändert manchmal den ursprünglichen Farbton. Gerade für Stillleben, Osterkarten oder Arcimboldo-Projekte sind Naturfarben eine interessante Gestaltungsalternative. Die Farben können ziemlich zart ausfallen, der mehrfache Auftrag intensiviert wie bei der Aquarelltechnik das Ergebnis. Stark saugendes Aquarellpapier ist hier besonders empfehlenswert.

Farbtöne

Rosa/Blau: Brombeeren, Holunder, Rote Bete, Blaukraut
Rot/Orange: Karotte, Tomate
Grün: Spinat, frische Kräuter, Gras

Collagen

Werden Collagen aus getrockneten Früchten und gepressten Blättern hergestellt, verlangen diese lediglich nach Bleistift oder Filzstift, etwas Klebstoff und einer Papierunterlage. Gerade Fantasiewesen sind künstlerisch spannend, da sie ein Gegenteil zum verwendeten Naturmaterial darstellen. Für „Blättermonster" lassen sich die ausgestanzten Papierkonfettis aus dem Locher als Augen verwenden. Blätter oder Früchte gleicher Sorte kann man wunderbar in einem Comicprojekt nutzen. Die erkennbare Grundform (Körper) des Protagonisten bleibt gleich, die Bewegung, der Gesichtsausdruck und der Hintergrund werden dafür in den Folgeszenen zeichnerisch variiert.

- Eine Musikbegleitung des „Ersten Wiener Gemüseorchesters" intensivieren das Erlebnis beim Gestalten.

Tipp